초등 5, 6학년 교과 단어 수록

혼공 초등 영단어 BASIC ②

혼공북스

영단어도 혼공으로 한다!!

이런 학생에게 좋아요!

주제별로 정리된 초등 필수 영단어 학습을 원하는 학생
단어를 이용한 문장에 대한 정확한 해석이 필요한 학생

이 책은 이래서 좋아요!

초등 필수 영단어 720여 개를 주요 문장 66개와 함께
공부할 수 있어요.

영단어, 영어 능력치를 올리는 핵심 요소!

❶ 초등 필수 영단어를 주제별, 순차적인 난이도로 구성했어요!

실생활과 밀접한 주제들로 구성된 영단어를 학습할 수 있어요.

주제별 단어들을 문장으로 확장하는 연습을 통해 영어 학습 능력과 쓰기 능력을 향상시켜 보세요.

유닛을 순서대로 학습하며 점차적으로 높아지는 난이도를 통해 성취감을 느껴보세요.

❷ 주제별로 구성된 단어를 오랫동안 기억할 수 있어요!

단어와 우리말 뜻만 수없이 반복하여 외우는 학습 방식은 NO!

서로 연관성이 있어 의미로 연상되는 단어들을 모아서 공부해요!

학습한 단어를 문장 패턴에 적용시키면

오랫동안 기억에 남는 공부를 할 수 있어요.

리뷰 테스트를 통해 단어 덩어리와 문장을 우리말과 영어로 써 보세요.

초등 단어는 물론 문장 쓰기도 쉬워지는 경험을 할 수 있어요.

주제별 단어 기본기 상승을 위한 단어 + 문장 훈련

주제별로 구성된 단어를 통한 연상 훈련

주제	history ⑲ 역사	art ⑲ 미술	geography ⑲ 지리
School 학교	biology ⑲ 생물학	chemistry ⑲ 화학	

단어를 문장으로 확장

history ⑲ 역사	나는 역사를 배운다. I learn history.
art ⑲ 미술	나는 미술을 배운다.

② # 오디오 콘텐츠 및 다양한 학습 활동

듣기 및 말하기 훈련을 위한 오디오 콘텐츠 제공
단어 및 표현을 학습한 후 퍼즐 등 다양한 활동을 통해 재확인

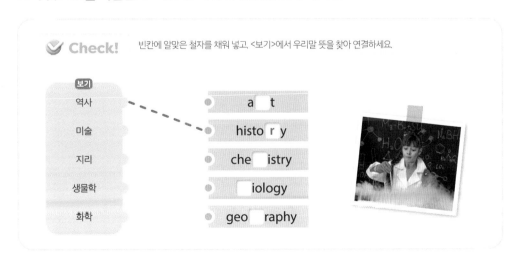

✔ Check! 빈칸에 알맞은 철자를 채워 넣고, <보기>에서 우리말 뜻을 찾아 연결하세요.

보기	
역사	a t
미술	histo r y
지리	che istry
생물학	iology
화학	geo raphy

이 책의 구성과 특징

1 문장으로 확장하는 주제별 단어

단어를 주제별로 학습하고 문장에 적용시켜
연습하다 보면 영어 능력치가 높아져요.
QR 코드를 찍어 단어와 문장을 듣고 따라 써
보세요.

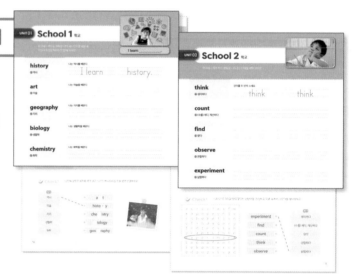

2 다양하고 체계적인 복습 활동

단어 퍼즐이나 퀴즈를 풀면서 재미있게
복습해요. 두 개의 유닛마다 제공되는
Exercises로 단어를 점검해요.

3 리뷰 테스트

여섯 개의 유닛마다 제공되는 리뷰 테스트를
통해 단어의 이해도를 점검할 수 있어요.
단어를 우리말과 영어로 써 보고 문장 속에서
재확인해 보세요.

Unit 시작

이번 유닛에서 학습할 주제와 문장 패턴을 확인할 수 있어요.

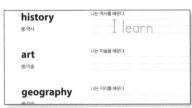

단어 연습

다양한 주제의 영단어를 학습할 수 있는 코너로,
주제별로 관련 있는 단어를 학습할 수 있어요.

문장 쓰기

단어가 사용된 초등 주요 문장 패턴을 확인하고,
문장을 써 보며 학습할 수 있어요.

단어 확인

단어들을 우리말과 영어로 바꿔 써 보며 배운 단어들을
다시 복습할 수 있어요.

문장으로 재확인하기

앞서 익힌 문장 패턴을 응용하며 다양한 문장으로
확장할 수 있어요.

단어 복습

여섯 개의 유닛에서 등장한 단어를 우리말 또는 영어로 써 보며
복습할 수 있어요.

문장 복습

우리말 뜻에 맞게 빈칸에 알맞은 단어들을 넣어 문장을 완성하며
훨씬 쉬워진 문장 쓰기를 경험할 수 있어요.

PART 1

각 UNIT의 QR 코드를 스캔하여
영단어, 영어 표현, 예시 문장을 듣고 따라해 보세요.

UNIT 01 School 1	오디오 QR 코드

UNIT 02 School 2	오디오 QR 코드

UNIT 03 School 3	오디오 QR 코드

UNIT 04 School 4	오디오 QR 코드

UNIT 05 School 5	오디오 QR 코드

UNIT 06 School 6	오디오 QR 코드

School 1 학교

학교에서 배우는 과목을 나타내는 단어를 배운 후
자신이 무엇을 배우는지 말해 보아요.

I learn _____.

history
⒨ 역사

나는 역사를 배운다.

I learn history.

art
⒨ 미술

나는 미술을 배운다.

geography
⒨ 지리

나는 지리를 배운다.

biology
⒨ 생물학

나는 생물학을 배운다.

chemistry
⒨ 화학

나는 화학을 배운다.

 **Check!** 빈칸에 알맞은 철자를 채워 넣고, <보기>에서 우리말 뜻을 찾아 연결하세요.

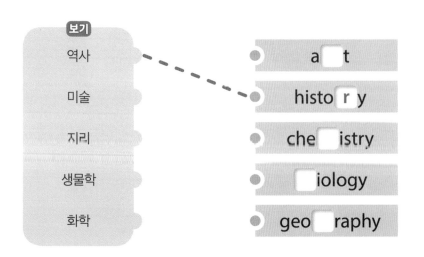

보기

역사

미술

지리

생물학

화학

a◻t

histo◻r◻y

che◻istry

◻iology

geo◻raphy

School 2 학교

학교에서 자주 하는 행동을 나타내는 단어를 배워 보아요.

think
동 생각하다

단어를 두 번씩 쓰세요.

think   think

count
동 (수를) 세다, 계산하다

find
동 찾다

observe
동 관찰하다

experiment
동 실험하다

 **Check!**   <보기>의 우리말 뜻에 알맞은 영단어를 연결하고, 퍼즐 속에서 그 단어를 찾아보세요.

x	c	r	c	j	l	k	t	f	m
k	a	p	o	p	x	y	h	t	v
c	n	b	u	k	n	l	i	x	n
o	f	i	n	d	y	q	n	r	g
f	j	d	t	b	t	s	k	a	h
y	r	z	n	t	s	j	n	s	o
e	x	p	e	r	i	m	e	n	t
k	p	b	n	a	f	w	n	i	j
l	e	k	o	b	s	e	r	v	e
b	d	o	u	z	x	k	v	g	d

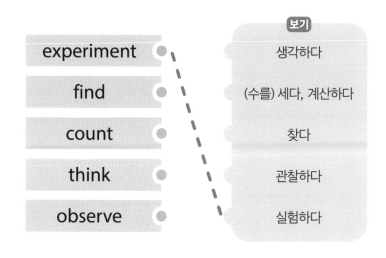

보기

experiment

find

count

think

observe

생각하다

(수를) 세다, 계산하다

찾다

관찰하다

실험하다

11

Exercises

A 다음 영어를 우리말로, 우리말은 영어로 빈칸에 쓰세요.

1 history _____

2 geography _____

3 chemistry _____

4 count _____

5 observe _____

6 미술 _____

7 생물학 _____

8 생각하다 _____

9 찾다 _____

10 실험하다 _____

B 다음 빈칸에 들어갈 알맞은 말을 주어진 우리말에 맞게 쓰세요.

1 I learn history.

나는 역사를 배운다.

2 _____ _____

나는 미술을 배운다.

3 _____ _____

나는 생물학을 배운다.

4 _____ _____

나는 화학을 배운다.

5 _____ _____

나는 지리를 배운다.

School 3 학교

초등학교부터 대학교까지 각 학교를 나타내는 단어를 배운 후
그곳에서 무엇을 하는지 말해 보아요.

I teach at a(n) _____.

elementary school
명 초등학교

나는 초등학교에서 가르친다.

I teach at an elementary school.

middle school
명 중학교

나는 중학교에서 가르친다.

high school
명 고등학교

나는 고등학교에서 가르친다.

college
명 대학, 단과 대학

나는 단과 대학에서 가르친다.

university
명 (종합) 대학교

나는 대학교에서 가르친다.　　Tip university의 첫 소리는 자음으로 시작되기 때문에 관사 a를 사용해요.

✔ Check!

빈칸에 알맞은 철자를 채워 넣고, <보기>에서 우리말 뜻을 찾아 연결하세요.

보기

초등학교

중학교

고등학교

대학, 단과 대학

(종합) 대학교

- col◻ege
- ◻iddle s◻hool
- uni◻ersity
- ele◻entary scho◻l
- h◻gh schoo◻

School 4 학교

학교 시설을 나타내는 단어를 배운 후
자신이 어디에 있었는지 말해 보아요.

I was in the _____.

gym
(명) 체육관 (= gymnasium)

나는 체육관에 있었다.

I was in the gym.

cafeteria
(명) 구내식당

나는 구내식당에 있었다.

classroom
(명) 교실

나는 교실에 있었다.

playground
(명) 운동장

나는 운동장에 있었다.

art room
미술실

나는 미술실에 있었다.

 Check! <보기>의 우리말 뜻에 알맞은 영단어를 연결하세요.

classroom	●
cafeteria	●
gym	●
art room	●
playground	●

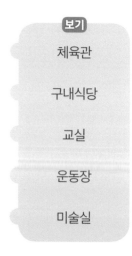

보기

체육관

구내식당

교실

운동장

미술실

Exercises UNIT 03~04

A 다음 영어를 우리말로, 우리말은 영어로 빈칸에 쓰세요.

1 elementary school _____

2 high school _____

3 university _____

4 cafeteria _____

5 playground _____

6 중학교 _____

7 대학, 단과 대학 _____

8 체육관 _____

9 교실 _____

10 미술실 _____

B 다음 빈칸에 들어갈 알맞은 말을 주어진 우리말에 맞게 쓰세요.

1 I teach at | a high school.

나는 고등학교에서 가르친다.

2 _____ | _____

나는 단과 대학에서 가르친다.

3 _____ | _____

나는 초등학교에서 가르친다.

4 _____ | _____

나는 중학교에서 가르친다.

5 I was in the | gym.

나는 체육관에 있었다.

6 _____ | _____

나는 미술실에 있었다.

7 _____ | _____

나는 교실에 있었다.

8 _____ | _____

나는 운동장에 있었다.

School 5 학교

학교 시험과 관련된 단어를 배운 후
자신이 무엇을 했는지 말해 보아요.

exam
⑲ 시험 (= examination)

나는 시험을 봤다.
I took an   exam.

test
⑲ 시험, 실험

나는 시험을 봤다.
I took a

score
⑲ 점수

나는 높은 점수를 받았다.
I got a high

result
⑲ (시험) 결과, 성적

나는 좋은 성적을 받았다.
I got good   s.

prize
⑲ 상, 상품

나는 상을 받았다.
I won a

 **Check!** <보기>의 우리말 뜻에 알맞은 영단어를 연결하고, 퍼즐 속에서 그 단어를 찾아보세요.

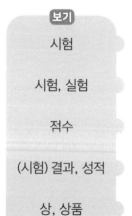

보기

시험

시험, 실험

점수

(시험) 결과, 성적

상, 상품

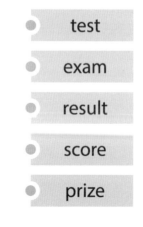

• test

• exam

• result

• score

• prize

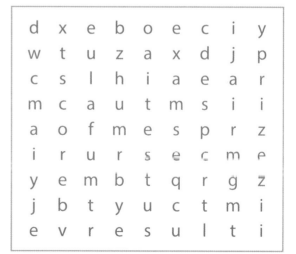

d	x	e	b	o	e	c	i	y
w	t	u	z	a	x	d	j	p
c	s	l	h	i	a	e	a	r
m	c	a	u	t	m	s	i	i
a	o	f	m	e	s	p	r	z
i	r	u	r	s	e	c	m	e
y	e	m	b	t	q	r	g	z
j	b	t	y	u	c	t	m	i
e	v	r	e	s	u	l	t	i

UNIT 06

School 6 학교

학교에서 자주 하는 활동을 나타내는 단어를 배워 보아요.

review
동 복습하다

단어를 두 번씩 쓰세요.

review   review

repeat
동 반복하다

practice
동 연습하다

check
동 확인하다

examine
동 검사하다

 **Check!** <보기>의 우리말 뜻에 알맞은 영단어를 연결하고, 퍼즐 속에서 그 단어를 찾아보세요.

e	r	g	x	l	z	e	s	d
n	r	e	p	e	a	t	o	s
i	s	t	v	p	f	q	t	r
m	e	x	a	m	i	n	e	v
a	o	n	u	z	e	h	i	c
x	r	e	v	i	e	w	e	h
e	k	a	z	b	k	m	n	e
n	c	v	i	w	e	b	k	c
p	r	a	c	t	i	c	e	k

practice ●

repeat ●

examine ●

check ●

review ●

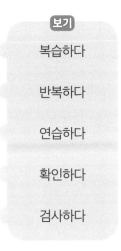

보기

복습하다

반복하다

연습하다

확인하다

검사하다

17

Exercises

A 다음 영어를 우리말로, 우리말은 영어로 빈칸에 쓰세요.

1 exam _____

2 score _____

3 result _____

4 repeat _____

5 check _____

6 시험, 실험 _____

7 상, 상품 _____

8 복습하다 _____

9 연습하다 _____

10 검사하다 _____

B 다음 빈칸에 들어갈 알맞은 말을 주어진 우리말에 맞게 쓰세요.

1 I took an _____ exam.

나는 시험을 봤다.

2 I took a _____ _____

나는 시험을 봤다.

3 I got a high _____ _____

나는 높은 점수를 받았다.

4 I got good _____ s.

나는 좋은 성적을 받았다.

5 I won a _____ _____

나는 상을 받았다.

Voca **Review** Test **1**

✏️ 나음 영어를 우리말로, 우리말은 영어로 빈칸에 쓰세요.

	영어	우리말		영어	우리말
1	history	역사	16	gym	체육관
2		미술	17	cafeteria	
3	geography		18	classroom	
4	biology		19		운동장
5	chemistry		20		미술실
6	think		21		시험
7		(수를) 세다, 계산하다	22	test	
8		찾다	23	score	
9		관찰하다	24		(시험) 결과, 성적
10	experiment		25	prize	
11	elementary school		26		복습하다
12	middle school		27		반복하다
13		고등학교	28	practice	
14	college		29	check	
15		(종합) 대학교	30	examine	

Voca **Review** Test **2**

✏️ 우리말 뜻을 참고하여 문장을 완성하세요.

1　역사　　　　I learn <u>history</u>. 나는 역사를 배운다.

2　미술　　　　I _____. 나는 미술을 배운다.

3　초등학교　　I teach at an _____. 나는 초등학교에서 가르친다.

4　고등학교　　I _____. 나는 고등학교에서 가르친다.

5　체육관　　　I was in the _____. 나는 체육관에 있었다.

6　교실　　　　I _____. 나는 교실에 있었다.

7　시험　　　　I took a _____. 나는 시험을 봤다.

8　점수　　　　I got a high _____. 나는 높은 점수를 받았다.

9　생물학　　　I learn _____. 나는 생물학을 배운다.

10　화학　　　　I _____. 나는 화학을 배운다.

11　중학교　　　I teach at a _____. 나는 중학교에서 가르친다.

12　(종합) 대학교　I _____. 나는 대학교에서 가르친다.

13　운동장　　　I was in the _____. 나는 운동장에 있었다.

14　미술실　　　I _____. 나는 미술실에 있었다.

15　상, 상품　　　I won a _____. 나는 상을 받았다.

16　(시험) 결과, 성적　I got good _____s. 나는 좋은 성적을 받았다.

PART 2

각 UNIT의 QR 코드를 스캔하여
영단어, 영어 표현, 예시 문장을 듣고 따라해 보세요.

UNIT 07 **Cooking 1** 오디오 QR 코드

UNIT 08 **CookIng 2** 오디오 QR 코드

UNIT 09 **Cooking 3** 오디오 QR 코드

UNIT 10 **Cooking 4** 오디오 QR 코드

UNIT 11 **Kitchen 1** 오디오 QR 코드

UNIT 12 **Kitchen 2** 오디오 QR 코드

Cooking 1 요리

요리할 때 자주 사용하는 단어를 배운 후
누군가에게 무언가를 하라고 말해 보아요.

_____ the vegetables.

add
동 첨가하다, 추가하다

야채들을 추가해라.

Add   the vegetables.

heat
동 가열하다

야채들을 가열해라.

chop
동 썰다

야채들을 썰어라.

stir
동 젓다

야채들을 저어라.

mix
동 섞다

야채들을 섞어라.

 **Check!** 다음 그림에 알맞은 영단어를 <보기>에서 찾아 쓰세요.

 보기

add

heat

chop

stir

mix

_____   _____   _____

Cooking 2 요리

요리할 때 자주 사용하는 재료를 나타내는 단어를 배운 후
누군가에게 무언가를 첨가하라고 말해 보아요.

Add some _____.

sauce
몡 양념, 소스

양념을 좀 첨가해라.

Add some sauce.

pepper
몡 후추

후추를 좀 첨가해라.

garlic
몡 마늘

마늘을 좀 수가해라.

salt
몡 소금

소금을 좀 첨가해라.

sugar
몡 설탕

설탕을 좀 첨가해라.

 **Check!** <보기>의 우리말 뜻에 알맞은 영단어를 연결하고, 퍼즐 속에서 그 단어를 찾아보세요.

g	s	r	m	s	u	g	a	r
a	i	a	b	h	p	l	u	s
r	e	l	u	g	w	o	g	a
l	s	p	e	p	p	e	r	l
i	f	e	p	a	e	s	u	n
c	r	u	r	e	g	o	c	h
y	s	a	l	t	p	n	g	a
l	i	c	e	s	a	u	c	e
r	a	g	i	t	i	o	n	r

salt	●
sugar	●
pepper	●
sauce	●
garlic	●

보기

양념, 소스

후추

마늘

소금

설탕

Exercises

A 다음 영어를 우리말로, 우리말은 영어로 빈칸에 쓰세요.

1 add _____

2 chop _____

3 mix _____

4 pepper _____

5 salt _____

6 가열하다 _____

7 젓다 _____

8 양념, 소스 _____

9 마늘 _____

10 설탕 _____

B 다음 빈칸에 들어갈 알맞은 말을 주어진 우리말에 맞게 쓰세요.

1 Add the vegetables.
야채들을 추가해라.

2 _____ _____
야채들을 썰어라.

3 _____ _____
야채들을 섞어라.

4 _____ _____
야채들을 가열해라.

5 Add some sauce.
양념을 좀 첨가해라.

6 _____ _____
마늘을 좀 추가해라.

7 _____ _____
소금을 좀 첨가해라.

8 _____ _____
후추를 좀 첨가해라.

UNIT 09 Cooking 3 요리

요리할 때 사용할 야채를 나타내는 단어를 배운 후
그중 한 개를 골라 보라고 말해 보아요.

Choose one from these _____s.

onion
ⓜ 양파

이 양파들 중에 한 개를 골라라.

Choose one from these   onions.

cucumber
ⓜ 오이

이 오이들 중에 한 개를 골라라.

cabbage
ⓜ 양배추

이 양배추들 중에 한 개를 골라라.

pumpkin
ⓜ 호박

이 호박들 중에 한 개를 골라라.

carrot
ⓜ 당근

이 당근들 중에 한 개를 골라라.

 **Check!**   <보기>의 우리말 뜻에 알맞은 영단어를 연결하고, 퍼즐 속에서 그 단어를 찾아보세요.

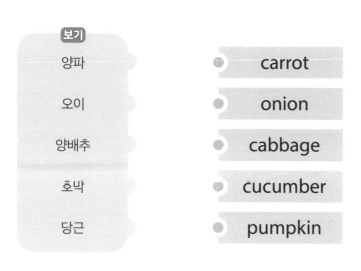

보기		
양파		carrot
오이		onion
양배추		cabbage
호박		cucumber
당근		pumpkin

c	a	r	r	o	t	i	t	y
n	r	b	c	h	e	o	i	p
i	b	r	u	m	f	n	a	u
o	e	a	c	r	a	i	v	m
n	a	g	u	k	f	o	u	p
j	g	r	m	c	v	n	v	k
l	c	a	b	b	a	g	e	i
r	z	g	e	v	p	f	i	n
f	k	m	r	q	r	e	l	u

Cooking 4 요리

요리책에서 자주 나오는 단어를 배운 후
무언가를 알아보자고 말해 보아요.

Let's find out the _____.

recipe
ⓜ 요리법

요리법을 알아보자.
Let's find out the recipe.

ingredient
ⓜ 재료

재료들을 알아보자.

beverage
ⓜ 음료

음료를 알아보자.

grain
ⓜ 곡물

곡물을 알아보자.

method
ⓜ 방법

방법을 알아보자.

 **Check!**   <보기>의 우리말 뜻에 알맞은 영단어를 연결하세요.

| recipe ● |
| ingredient ● |
| beverage ● |
| grain ● |
| method ● |

보기

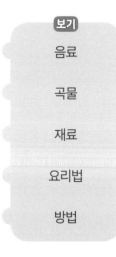

음료

곡물

재료

요리법

방법

Exercises UNIT 09~10

A 다음 영어를 우리말로, 우리말은 영어로 빈칸에 쓰세요.

1 cucumber   ＿＿＿＿＿＿＿

2 cabbage   ＿＿＿＿＿＿＿

3 carrot   ＿＿＿＿＿＿＿

4 ingredient   ＿＿＿＿＿＿＿

5 grain   ＿＿＿＿＿＿＿

6 양파   ＿＿＿＿＿＿＿

7 호박   ＿＿＿＿＿＿＿

8 요리법   ＿＿＿＿＿＿＿

9 음료   ＿＿＿＿＿＿＿

10 방법   ＿＿＿＿＿＿＿

B 다음 빈칸에 들어갈 알맞은 말을 주어진 우리말에 맞게 쓰세요.

1 Choose one from these   cucumbers.

이 오이들 중에 한 개를 골라라.

2 ＿＿＿＿＿＿＿ ＿＿＿＿

이 양파들 중에 한 개를 골라라.

3 ＿＿＿＿＿＿＿ ＿＿＿＿

이 당근들 중에 한 개를 골라라.

4 ＿＿＿＿＿＿＿ ＿＿＿＿

이 양배추들 중에 한 개를 골라라.

5 Let's find out   the recipe.

요리법을 알아보자.

6 ＿＿＿＿＿＿＿ ＿＿＿＿

음료를 알아보자.

7 ＿＿＿＿＿＿＿ ＿＿＿＿

곡물을 알아보자.

8 ＿＿＿＿＿＿＿ ＿＿＿＿

방법을 알아보자.

Kitchen 1 부엌

부엌에서 볼 수 있는 물건을 나타내는 단어를 배운 후
그곳에 무엇이 있는지 말해 보아요.

There is a _____.

faucet
⑲ 수도꼭지

수도꼭지가 있다.

There is a   faucet.

bowl
⑲ (우묵한) 그릇

그릇이 있다.

kettle
⑲ 주전자

주전자가 있다.

pot
⑲ 냄비

냄비가 있다.

refrigerator
⑲ 냉장고

냉장고가 있다.

 **Check!**   다음 그림에 알맞은 영단어를 <보기>에서 찾아 쓰세요.

보기
faucet
bowl
kettle
pot
refrigerator

_____   _____   _____   _____

Kitchen 2 부엌

부엌에서 자주 하는 행동을 나타내는 단어를 배운 후
자신이 매일 무엇을 하는지 말해 보아요.

I _____ every day.

prepare food

음식을 준비하다

나는 매일 음식을 준비한다.

I prepare food every day.

set the table

식탁을 차리다

나는 매일 식탁을 차린다.

get the plates

접시를 가져오다

나는 매일 접시들을 가져온다.

grill meat

고기를 굽다

나는 매일 고기를 굽는다.

wipe the floor

바닥을 닦다

나는 매일 바닥을 닦는다.

 **Check!**

빈칸에 알맞은 철자를 채워 넣고, <보기>에서 우리말 뜻을 찾아 연결하세요.

se ☐ the ☐ able ●

gr ☐ ll ☐ eat ●

ge ☐ the pla ☐ es ●

☐ ipe the f ☐ oor ●

pre ☐ are f ☐ od ●

보기

음식을 준비하다

식탁을 차리다

접시를 가져오다

고기를 굽다

바닥을 닦다

Exercises UNIT 11~12

A 다음 영어를 우리말로, 우리말은 영어로 빈칸에 쓰세요.

1	faucet	_____	6	(우묵한) 그릇 _____
2	kettle	_____	7	냄비 _____
3	refrigerator	_____	8	음식을 준비하다 _____
4	set the table	_____	9	접시를 가져오다 _____
5	grill meat	_____	10	바닥을 닦다 _____

B 다음 빈칸에 들어갈 알맞은 말을 주어진 우리말에 맞게 쓰세요.

1 There is a _____ faucet.

수도꼭지가 있다.

2 _____ _____

그릇이 있다.

3 _____ _____

냄비가 있다.

4 _____ _____

냉장고가 있다.

5 I prepare food _____ every day.

나는 매일 음식을 준비한다.

6 _____ _____

나는 매일 고기를 굽는다.

7 _____ _____

나는 매일 식탁을 차린다.

8 _____ _____

나는 매일 바닥을 닦는다.

Voca **Review** Test **1**

✏️ 다음 영어를 우리말로, 우리말은 영어로 빈칸에 쓰세요.

	영어	우리말		영어	우리말
1	add	첨가하다, 추가하다	16	recipe	요리법
2		가열하다	17	ingredient	
3	chop		18	beverage	
4	stir		19		곡물
5	mix		20		방법
6	sauce		21		수도꼭지
7		후추	22	bowl	
8		마늘	23	kettle	
9		소금	24	pot	
10	sugar		25		냉장고
11	onion		26		음식을 준비하다
12		오이	27		식탁을 차리다
13	cabbage		28	get the plates	
14	pumpkin		29	grill meat	
15		당근	30	wipe the floor	

Voca **Review** Test **2**

✎ 우리말 뜻을 참고하여 문장을 완성하세요.

1 첨가하다, 추가하다   <u>Add</u> the vegetables. 야채들을 추가해라.

2 가열하다   _____ the vegetables. 야채들을 가열해라.

3 양념, 소스   Add some _____. 양념을 좀 첨가해라.

4 후추   Add _____. 후추를 좀 첨가해라.

5 양파   Choose one from these _____s. 이 양파들 중에 한 개를 골라라.

6 양배추   Choose _____. 이 양배추들 중에 한 개를 골라라.

7 요리법   Let's find out the _____. 요리법을 알아보자.

8 음료   Let's _____. 음료를 알아보자.

9 수도꼭지   There is a _____. 수도꼭지가 있다.

10 (우묵한) 그릇   There _____. 그릇이 있다.

11 음식을 준비하다   I _____ every day. 나는 매일 음식을 준비한다.

12 식탁을 차리다   I _____. 나는 매일 식탁을 차린다.

13 곡물   Let's find out the _____. 곡물을 알아보자.

14 방법   Let's _____. 방법을 알아보자.

15 썰다   _____ the vegetables. 야채들을 썰어라.

16 섞다   _____ vegetables. 야채들을 섞어라.

PART 3

각 UNIT의 QR 코드를 스캔하여
영단어, 영어 표현, 예시 문장을 듣고 따라해 보세요.

UNIT 13 Action

오디오 QR 코드

UNIT 14 Body

오디오 QR 코드

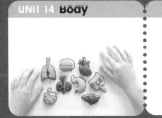

UNIT 15 Ball Game

오디오 QR 코드

UNIT 16 Verbs 1

오디오 QR 코드

UNIT 17 Verbs 2

오디오 QR 코드

UNIT 18 Verbs 3

오디오 QR 코드

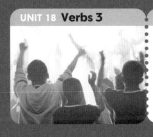

Action 움직임

신체의 움직임을 나타내는 단어를 배운 후
누군가에게 신체 부위를 움직이라고 말해 보아요.

_____ your arm.

move
(동) 움직이다

네 팔을 움직여라.

Move your arm.

shake
(동) 흔들다

네 팔을 흔들어라.

bend
(동) 굽히다

네 팔을 굽혀라.

stretch
(동) 뻗다, 쭉 펴다

네 팔을 뻗어라.

lift
(동) 들어올리다

네 팔을 들어올려라.

 **Check!** <보기>의 우리말 뜻에 알맞은 영단어를 연결하고, 퍼즐 속에서 그 단어를 찾아보세요.

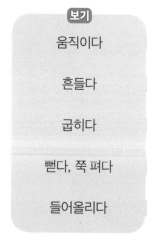

보기

움직이다

흔들다

굽히다

뻗다, 쭉 펴다

들어올리다

● bend

● move

● lift

● shake

● stretch

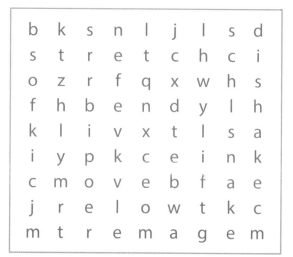

b	k	s	n	l	j	l	s	d
s	t	r	e	t	c	h	c	i
o	z	r	f	q	x	w	h	s
f	h	b	e	n	d	y	l	h
k	l	i	v	x	t	l	s	a
i	y	p	k	c	e	i	n	k
c	m	o	v	e	b	f	a	e
j	r	e	l	o	w	t	k	c
m	t	r	e	m	a	g	e	m

Body 신체

신체 내부의 기관을 나타내는 단어를 배워 보아요.

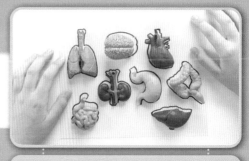

The ___ is(are) (a) body part(s).

brain
명 뇌

뇌는 몸의 기관이다.

The brain is a body part.

lungs
명 폐

폐는 몸의 기관이다.

are body parts.

liver
명 간

간은 몸이 기관이다.

stomach
명 위(胃)

위는 몸의 기관이다.

heart
명 심장

심장은 몸의 기관이다.

✔ **Check!**   <보기>의 우리말 뜻에 알맞은 영단어를 연결하고, 퍼즐 속에서 그 단어를 찾아보세요.

b	k	s	b	l	j	l	s	d
s	r	s	t	o	m	a	c	h
h	b	r	f	q	x	w	n	g
f	r	i	v	n	d	y	i	m
k	a	n	l	u	n	g	s	n
a	i	p	k	c	e	m	v	i
c	n	o	v	e	b	o	m	t
j	s	u	m	l	i	v	e	r
m	k	h	e	a	r	t	h	y

heart ●

stomach ●

lungs ●

brain ●

liver ●

보기

뇌

폐

간

위(胃)

심장

Exercises UNIT 13~14

A 다음 영어를 우리말로, 우리말은 영어로 빈칸에 쓰세요.

1 move _____
2 stretch _____
3 lift _____
4 lungs _____
5 liver _____

6 흔들다 _____
7 굽히다 _____
8 뇌 _____
9 심장 _____
10 위(胃) _____

B 다음 빈칸에 들어갈 알맞은 말을 주어진 우리말에 맞게 쓰세요.

1 __Move__ __your arm.__
네 팔을 움직여라.

2 _____ _____
네 팔을 굽혀라.

3 _____ _____
네 팔을 들어올려라.

4 _____ _____
네 팔을 흔들어라.

5 __The liver__ __is a body part.__
간은 몸의 기관이다.

6 _____ _____
뇌는 몸의 기관이다.

7 _____ _____
위는 몸의 기관이다.

8 _____ _____
심장은 몸의 기관이다.

Ball Game 구기 종목

누군가에게 공을 어떻게 사용하는지
How do you ~ a ball?로 물어 보아요.

How do you _____ a ball?

hit
⑧ (겨누어) 치다

너는 어떻게 공을 치니?

How do you   hit a ball?

throw
⑧ 던지다

너는 어떻게 공을 던지니?

catch
⑧ 잡다

너는 어떻게 공을 잡니?

kick
⑧ (발로) 차다

너는 어떻게 공을 차니?

bounce
⑧ (공 등을) 튀게 하다

너는 어떻게 공을 튀게 하니?

 **Check!** <보기>의 우리말 뜻에 알맞은 영단어를 연결하고, 퍼즐 속에서 그 단어를 찾아보세요.

보기

(겨누어) 치다

던지다

잡다

(발로) 치다

(공 등을) 튀게 하다

● catch

● kick

● hit

● bounce

● throw

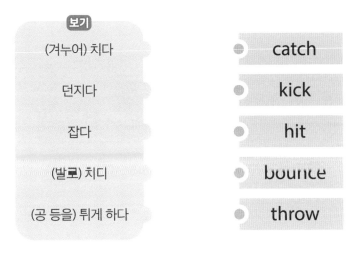

s	k	s	n	l	o	l	b	v
o	t	c	a	t	c	h	t	e
b	n	a	b	i	g	w	h	o
o	h	i	t	n	d	y	w	k
u	l	a	v	x	n	t	e	i
n	y	p	k	p	e	h	r	c
c	m	o	h	a	b	r	l	k
e	h	a	v	s	a	o	d	n
m	e	g	e	h	t	w	h	t

Verbs 1 동사

어딘가로 떠나거나 도착하는 것을 나타내는 동사를 배운 후
누군가가 언제 떠나거나 도착했는지 물어 보아요.

When did he _____?

leave
동 떠나다

그는 언제 떠났니?

When did he leave?

arrive
동 도착하다

그는 언제 도착했니?

reach
동 도착하다

그는 언제 도착했니?

there?

go away
가버리다

그는 언제 가버렸니?

make it
도착하다

그는 언제 도착했니?

 **Check!**   주어진 우리말 뜻에 알맞은 영어 표현에 모두 동그라미 하세요.

우리말	영단어 / 영어 표현
도착하다	arrive, reach, leave, make it, go away
떠나다	leave, go away, reach, make it, arrive

Exercises UNIT 15~16

A 다음 영어를 우리말로, 우리말은 영어로 빈칸에 쓰세요.

1 hit _____ 6 (공 등을) 튀게 하다 _____

2 kick _____ 7 잡다 _____

3 throw _____ 8 떠나다 _____

4 arrive _____ 9 도착하다 _____

5 makc it _____ 10 가버리다 _____

B 다음 빈칸에 들어갈 알맞은 말을 주어진 우리말에 맞게 쓰세요.

1 <u>How do you</u> <u>kick a ball?</u>
너는 어떻게 공을 차니?

2 _____ _____
너는 어떻게 공을 잡니?

3 _____ _____
너는 이떻게 공을 던지니?

4 _____ _____
너는 어떻게 공을 치니?

5 <u>When did he</u> <u>arrive?</u>
그는 언제 도착했니?

6 _____ _____
그는 언제 떠났니?

7 _____ <u>there?</u>
그는 언제 도착했니?

8 _____ _____
그는 언제 가버렸니?

Verbs 2 동사

무언가를 놓치고 실패하거나 잊는 것을 나타내는 동사를 배운 후
누군가가 무엇을 했는지 말해 보아요.

miss
⑧ 놓치다

그녀는 그 기차를 놓쳤다.

She missed the train.

skip
⑧ (일을) 거르다, 건너뛰다

그녀는 아침 식사를 걸렀다.

She skipped breakfast.

fail
⑧ (시험에) 떨어지다

그녀는 그 시험에 떨어졌다.

She failed the test.

overlook
⑧ 간과하다, 못 보고 넘어가다

그녀는 그 오류를 간과했다.

She overlooked the error.

forget
⑧ 잊다

그녀는 그의 이름을 잊었다.

She forgot his name.

 **Check!**   <보기>의 우리말 뜻에 알맞은 영어 표현을 연결하세요.

보기

그 기차를 놓치다

아침 식사를 거르다

그 시험에 떨어지다

그 오류를 간과하다

그의 이름을 잊다

    skip breakfast

    forget his name

    miss the train

    overlook the error

    fail the test

Verbs 3 동사

긍정적인 의미를 지닌 동사를 배운 후
누군가에게 그 행동을 했었는지 물어 보아요.

Did you _____?

enjoy
⑧ 즐기다

너는 그 공연을 즐겼니?

Did you enjoy the show?

challenge
⑧ 도전하다

너는 그 기록에 도전했니?

the record?

succeed
⑧ 성공하다

너는 그 시험에 성공했니?

in the test?

notice
⑧ 알아채다, 의식하다

너는 그 오류를 알아챘니?

the error?

remember
⑧ 기억하다

너는 그를 기억했니?

him?

 **Check!**   <보기>의 우리말 뜻에 알맞은 영어 표현을 연결하세요.

challenge the record	●
succeed in the test	●
enjoy the show	●
notice the error	●
remember him	●

보기

그 공연을 즐기다

그 기록에 도전하다

그 시험에 성공하다

그를 기억하다

그 오류를 알아채다

Exercises UNIT 17~18

A 다음 영어를 우리말로, 우리말은 영어로 빈칸에 쓰세요.

1 skip _____ 6 놓치다 _____

2 fail _____ 7 잊다 _____

3 overlook _____ 8 즐기다 _____

4 challenge _____ 9 성공하다 _____

5 notice _____ 10 기억하다 _____

B 다음 빈칸에 들어갈 알맞은 말을 주어진 우리말에 맞게 쓰세요.

1 She _____ missed the train.

그녀는 그 기차를 놓쳤다.

2 _____ _____ breakfast.

그녀는 아침 식사를 걸렀다.

3 _____ _____ the error.

그녀는 그 오류를 간과했다.

4 _____ _____ his name.

그녀는 그의 이름을 잊었다.

5 Did you _____ enjoy the show?

너는 그 공연을 즐겼니?

6 _____ _____ the error?

너는 그 오류를 알아챘니?

7 _____ _____ the record?

너는 그 기록에 도전했니?

8 _____ _____ him?

너는 그를 기억했니?

Voca **Review** Test **1**

✏️ 다음 영어를 우리말로, 우리말은 영어로 빈칸에 쓰세요.

영어	우리말		영어	우리말
1 move	움직이다	16	leave	떠나다
2	흔들다	17	arrive	
3 bend		18	reach	
4 stretch		19		가버리다
5 lift		20		도착하다
6 brain		21		놓치다
7	폐	22	skip	
8	간	23	fail	
9	위(胃)	24	overlook	
10	심장	25		잊다
11 hit		26		즐기다
12	던지다	27		도전하다
13 catch		28	succeed	
14 kick		29	notice	
15	(공 등을) 튀게 하다	30	remember	

Voca **Review** Test **2**

✏️ 우리말 뜻을 참고하여 문장을 완성하세요.

1. 움직이다   <u>Move</u> your arm. 네 팔을 움직여라.

2. 굽히다   _____ arm. 네 팔을 굽혀라.

3. 뇌   The _____ is a body part. 뇌는 몸의 기관이다.

4. 폐   The _____. 폐는 몸의 기관이다.

5. (겨누어) 치다   How do you _____ a ball? 너는 어떻게 공을 치니?

6. 잡다   How _____? 너는 어떻게 공을 잡니?

7. 떠나다   When did he _____? 그는 언제 떠났니?

8. 가버리다   When _____? 그는 언제 가버렸니?

9. 놓치다   She _____ the train. 그녀는 그 기차를 놓쳤다.

10. (일을) 거르다, 건너뛰다   She _____ breakfast. 그녀는 아침 식사를 걸렀다.

11. 즐기다   Did you _____ the show? 너는 그 공연을 즐겼니?

12. 성공하다   Did _____? 너는 그 시험에 성공했니?

13. 간   The _____ is a body part. 간은 몸의 기관이다.

14. 심장   The _____. 심장은 몸의 기관이다.

15. (발로) 차다   How do you _____ a ball? 너는 어떻게 공을 차니?

16. (공 등을) 튀게 하다   How _____? 너는 어떻게 공을 튀게 하니?

PART 4

각 UNIT의 QR 코드를 스캔하여
영단어, 영어 표현, 예시 문장을 듣고 따라해 보세요.

UNIT 19 Disasters 1 오디오 QR 코드

UNIT 20 Disasters 2 오디오 QR 코드

UNIT 21 Verbs 4 오디오 QR 코드

UNIT 22 Verbs 5 오디오 QR 코드

UNIT 23 Friends 1 오디오 QR 코드

UNIT 24 Friends 2 오디오 QR 코드

Disasters 1 재해

자연재해를 나타내는 단어를 배워 보아요.

A(n) _____ is a natural disaster.

earthquake
몡 지진

지진은 자연재해이다.

An earthquake is a natural disaster.

flood
몡 홍수

홍수는 자연재해이다.

drought
몡 가뭄

가뭄은 자연재해이다.

typhoon
몡 태풍

태풍은 자연재해이다.

forest fire
몡 산불

산불은 자연재해이다.

 **Check!** 다음 그림에 알맞은 영단어를 <보기>에서 찾아 쓰세요.

 보기

earthquake

flood

drought

typhoon

forest fire

   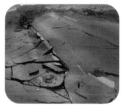

Disasters 2 재해

재해가 발생했을 때 대처 방법과 재해 예방에 관련된 표현을 배운 후
누군가에게 그 행동을 해야 한다고 말해 보아요.

You have to _____.

protect
(동) 보호하다

너는 네 자신을 보호해야 한다.

You have to protect yourself.

prevent
(동) 막다, 예방하다

너는 산불들을 예방해야 한다.

forest fires.

follow
(동) 따르다

너는 지시들을 따라야 한다.

directions.

stay safe
안전하게 있다

너는 안전하게 있어야 한다.

put out
(불을) 끄다, 진화하다

너는 불을 꺼야 한다.

fire.

 **Check!**　　　　<보기>의 우리말 뜻에 알맞은 영어 표현을 연결하세요.

| protect yourself |
| put out fire |
| stay safe |
| follow directions |
| prevent forest fires |

보기

네 자신을 보호하다

산불들을 예방하다

지시들을 따르다

안전하게 있다

(불을) 끄다, 진화하다

Exercises UNIT 19~20

A 다음 영어를 우리말로, 우리말은 영어로 빈칸에 쓰세요.

1 earthquake _____

2 typhoon _____

3 forest fire _____

4 prevent _____

5 stay safe _____

6 홍수 _____

7 가뭄 _____

8 보호하다 _____

9 따르다 _____

10 (불을) 끄다, 진화하다 _____

B 다음 빈칸에 들어갈 알맞은 말을 주어진 우리말에 맞게 쓰세요.

1 __A flood is__ __a natural disaster.__

홍수는 자연재해이다.

2 _____ _____

지진은 자연재해이다.

3 _____ _____

가뭄은 자연재해이다.

4 _____ _____

태풍은 자연재해이다.

5 __You have to__ __protect yourself.__

너는 네 자신을 보호해야 한다.

6 _____ __forest fires.__

너는 산불들을 예방해야 한다.

7 _____ __fire.__

너는 불을 꺼야 한다.

8 _____ __directions.__

너는 지시들을 따라야 한다.

Verbs 4 동사

동사 look과 관련된 표현을 배워 보아요.

I looked _____.

look at

~을 보다

나는 그것을 봤다.

I looked at it.

look for

~을 찾아보다

나는 내 열쇠를 찾아봤다.

my key.

look after

~을 돌보다

나는 내 여동생을 돌봤다.

my sister.

look into

~을 조사하다

나는 그것을 조사했다.

it.

look around

~을 둘러보다

나는 그 장소를 둘러봤다.

the place.

 **Check!** <보기>의 우리말 뜻에 알맞은 영어 표현을 연결하세요.

보기

그것을 보다

내 열쇠를 찾아보다

내 여동생을 돌보다

그것을 조사하다

그 장소를 둘러보다

● look at it

● look after my sister

● look around the place

● look for my key

● look into it

Verbs 5 동사

동사 take와 관련된 표현을 배워 보아요.

take off

이륙하다

각 표현을 두 번씩 쓰세요.

take off   take off

take away

제거하다

take down

~을 적다

take out

꺼내다

take back

(말을) 취소하다

 **Check!**   다음 그림에 알맞은 영어 표현을 <보기>에서 찾아 쓰세요.

보기

take off

take away

take down

take out

take back

_____   _____   _____

Exercises UNIT 21~22

다음 영어를 우리말로, 우리말은 영어로 빈칸에 쓰세요.

1   look at _____

2   look after _____

3   look around _____

4   take away _____

5   take out _____

6   ~을 찾아보다 _____

7   ~을 조사하다 _____

8   이륙하다 _____

9   ~을 적다 _____

10   (말을) 취소하다 _____

B 다음 빈칸에 들어갈 알맞은 말을 주어진 우리말에 맞게 쓰세요.

1   I looked at _____ it. _____

나는 그것을 봤다.

2   _____ it. _____

나는 그것을 조사했다.

3   _____ the place. _____

나는 그 장소를 둘러봤다.

4   _____ my sister. _____

나는 내 여동생을 돌봤다.

5   _____ my key. _____

나는 내 열쇠를 찾아봤다.

Friends 1 친구

친구를 묘사할 때 사용할 수 있는 단어를 배운 후
자신의 친구에 대해 말해 보아요.

He is my _____ friend.

best
(형) 최고의, 가장 좋은

그는 나의 가장 좋은 친구이다.

He is my best friend.

close
(형) (사이가) 가까운

그는 나의 가까운 친구이다.

special
(형) 특별한

그는 나의 특별한 친구이다.

favorite
(형) 가장 좋아하는

그는 내가 가장 좋아하는 친구이다.

true
(형) 진정한

그는 나의 진정한 친구이다.

✅ **Check!** <보기>의 우리말 뜻에 알맞은 영단어를 연결하세요.

 보기

| 최고의, 가장 좋은 |
| (사이가) 가까운 |
| 특별한 |
| 가장 좋아하는 |
| 진정한 |

- true
- best
- close
- special
- favorite

Friends 2 친구

친구 사이에서 할 수 있는 행동을 나타내는 표현을 배운 후
친구 사이가 어떤지 말해 보아요.

They _____ each other.

support
동 지지하다

그들은 서로를 지지한다.

They support each other.

trust
동 믿다

그들은 서로를 믿는다.

share with
~와 나누다

그들은 서로 나눈다.

fight with
~와 싸우다

그들은 서로 싸운다.

hang out with
~와 많은 시간을 보내다

그들은 서로 많은 시간을 보낸다.

 **Check!**　<보기>의 우리말 뜻에 알맞은 영어 표현을 연결하세요.

	보기
trust each other ●	서로를 지지하다
hang out with each other ●	서로를 믿다
fight with each other ●	서로 나누다
share with each other ●	서로 싸우다
support each other ●	서로 많은 시간을 보내다

Exercises UNIT 23~24

A 다음 영어를 우리말로, 우리말은 영어로 빈칸에 쓰세요.

1 best _____

2 special _____

3 favorite _____

4 fight with _____

5 hang out with _____

6 (사이가) 가까운 _____

7 진정한 _____

8 지지하다 _____

9 믿다 _____

10 ~와 나누다 _____

B 다음 빈칸에 들어갈 알맞은 말을 주어진 우리말에 맞게 쓰세요.

1 He is my _____ best friend. _____

그는 나의 가장 좋은 친구이다.

2 _____ _____

그는 나의 진정한 친구이다.

3 _____ _____

그는 나의 특별한 친구이다.

4 _____ _____

그는 나의 가까운 친구이다.

5 They _____ trust each other. _____

그들은 서로를 믿는다.

6 _____ _____

그들은 서로 싸운다.

7 _____ _____

그들은 서로를 지지한다.

8 _____ _____

그들은 서로 나눈다.

Voca **Review** Test **1**

다음 영어를 우리말로, 우리말은 영어로 빈칸에 쓰세요.

영어	우리말		영어	우리말
1 earthquake	지진	16	take off	이륙하다
2	홍수	17	take away	
3 drought		18	take down	
4 typhoon		19		꺼내다
5 forest fire		20		(말을) 취소하다
6 protect		21		최고의, 가장 좋은
7	막다, 예방하다	22	close	
8	따르다	23	special	
9	안전하게 있다	24	favorite	
10 put out		25		진정한
11 look at		26		지지하다
12	~을 찾아보다	27		믿다
13 look after		28	share with	
14 look into		29	fight with	
15	~을 둘러보다	30	hang out with	

Voca **Review** Test 2

✏️ 우리말 뜻을 참고하여 문장을 완성하세요.

1   지진   An <u>earthquake</u> is a natural disaster. 지진은 자연재해이다.

2   가뭄   A _____ is a natural disaster. 가뭄은 자연재해이다.

3   보호하다   You have to _____ yourself. 너는 네 자신을 보호해야 한다.

4   (불을) 끄다, 진화하다   You _____ fire. 너는 불을 꺼야 한다.

5   ~을 보다   I looked _____. 나는 그것을 봤다.

6   ~을 돌보다   I _____ my sister. 나는 내 여동생을 돌봤다.

7   최고의, 가장 좋은   He is my _____ friend. 그는 나의 가장 좋은 친구이다.

8   (사이가) 가까운   He _____. 그는 나의 가까운 친구이다.

9   지지하다   They _____ each other. 그들은 서로를 지지한다.

10   믿다   They _____. 그들은 서로를 믿는다.

11   태풍   A _____ is a natural disaster. 태풍은 자연재해이다.

12   산불   A _____. 산불은 자연재해이다.

13   특별한   He is my _____ friend. 그는 나의 특별한 친구이다.

14   진정한   He _____. 그는 나의 진정한 친구이다.

15   ~와 나누다   They _____ each other. 그들은 서로 나눈다.

16   ~와 싸우다   They _____. 그들은 서로 싸운다.

PART 5

각 UNIT의 QR 코드를 스캔하여
영단어, 영어 표현, 예시 문장을 듣고 따라해 보세요.

UNIT 25 **Verbs 6**

오디오 QR 코드

UNIT 26 **Verbs 7**

오디오 QR 코드

UNIT 27 **Feelings 1**

오디오 QR 코드

UNIT 28 **Feelings 2**

오디오 QR 코드

UNIT 29 **Feelings 3**

오디오 QR 코드

UNIT 30 **Feelings 4**

오디오 QR 코드

Verbs 6 동사

동사 make와 관련된 표현을 배워 보아요.

make a noise
소리를 내다

각 표현을 두 번씩 쓰세요.

make a noise make a noise

make a plan
계획하다

make a mistake
실수하다

make a mess
엉망으로 만들다

make a friend
친구를 사귀다

 **Check!**   <보기>의 우리말 뜻에 알맞은 영어 표현을 연결하세요.

보기

소리를 내다

계획하다

실수하다

엉망으로 만들다

친구를 사귀다

● make a friend

● make a plan

● make a noise

● make a mess

● make a mistake

Verbs 7 동사

동사 take와 관련된 표현을 배워 보아요.

take a photo

사진을 찍다

각 표현을 두 번씩 쓰세요.

take a photo take a photo

take a break

휴식을 취하다

take a shower

샤워를 하다

take a walk

산책하다

take a look

살펴보다

 **Check!**   <보기>의 우리말 뜻에 알맞은 영어 표현을 연결하세요.

	보기
take a look ●	사진을 찍다
take a shower ●	휴식을 취하다
take a photo ●	샤워를 하다
take a break ●	산책하다
take a walk ●	살펴보다

Exercises UNIT 25~26

A 다음 영어를 우리말로, 우리말은 영어로 빈칸에 쓰세요.

1 make a noise _____   6 실수하다 _____

2 make a plan _____   7 엉망으로 만들다 _____

3 make a friend _____   8 사진을 찍다 _____

4 take a break _____   9 샤워를 하다 _____

5 take a walk _____   10 살펴보다 _____

B 다음 빈칸에 들어갈 알맞은 말을 주어진 우리말에 맞게 쓰세요.

1 Don't _____ make a noise. _____
소리 내지 마라.

2 Don't _____ _____
실수하지 마라.

3 Don't _____ _____
엉망으로 만들지 마라.

4 Don't _____ _____
계획하지 마라.

5 Let's _____ take a photo. _____
사진을 찍자.

6 Let's _____ _____
휴식을 취하자.

7 Let's _____ _____
산책하자.

8 Let's _____ _____
살펴보자.

Feelings 1 감정

감정을 나타내는 단어를 배운 후 현재 감정이 어떤지 말해 보아요.

I'm very _____ .

surprised

형 놀란

나는 매우 놀랐다.

I'm very surprised.

confused

형 혼란스러워하는

나는 매우 혼란스럽다.

delighted

형 기쁜

나는 매우 기쁘다.

curious

형 궁금한

나는 매우 궁금하다.

satisfied

형 만족하는

나는 매우 만족한다.

 **Check!**   <보기>의 우리말 뜻에 알맞은 표현을 연결하고, 빈칸에 철자를 채워 넣으세요.

보기

놀란

혼란스러워하는

기쁜

궁금한

만족하는

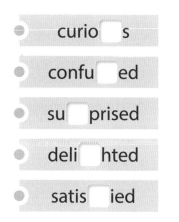

- curio☐s
- confu☐ed
- su☐prised
- deli☐hted
- satis☐ied

UNIT 28 Feelings 2 감정

감정을 니디니는 단어를 배운 후
과거 특정 시점에 어떤 기분이었는지 말해 보아요.

upset
형 속상한

그는 속상했다.

He felt upset.

lonely
형 외로운

그는 외로웠다.

nervous
형 긴장한

그는 긴장했다.

scared
형 무서워하는

그는 무서워했다.

worried
형 걱정하는

그는 걱정했다.

 **Check!** <보기>의 우리말 뜻에 알맞은 영단어를 연결하고, 퍼즐 속에서 그 단어를 찾아보세요.

b	w	t	e	m	w	y	d	w
n	o	u	v	y	l	i	y	g
v	r	x	s	c	a	r	e	d
x	r	l	o	n	e	l	y	d
n	i	o	c	i	r	p	c	v
k	e	n	e	r	v	o	u	s
b	d	r	q	t	u	g	n	j
m	o	u	p	s	e	t	v	c
w	u	m	s	v	q	o	b	y

upset ●

nervous ●

worried ●

scared ●

lonely ●

보기

속상한

외로운

긴장한

무서워하는

걱정하는

Exercises UNIT 27~28

A 다음 영어를 우리말로, 우리말은 영어로 빈칸에 쓰세요.

1 surprised _____ 6 만족하는 _____

2 curious _____ 7 기쁜 _____

3 confused _____ 8 속상한 _____

4 scared _____ 9 걱정하는 _____

5 nervous _____ 10 외로운 _____

B 다음 빈칸에 들어갈 알맞은 말을 주어진 우리말에 맞게 쓰세요.

1 I'm very _____ surprised.

나는 매우 놀랐다.

2 _____ _____

나는 매우 만족한다.

3 _____ _____

나는 매우 기쁘다.

4 _____ _____

나는 매우 혼란스럽다.

5 He felt _____ upset.

그는 속상했다.

6 _____ _____

그는 긴장했다.

7 _____ _____

그는 외로웠다.

8 _____ _____

그는 무서워했다.

Feelings 3 감정

좋거나 싫은 감정을 느낄 때 할 수 있는 행동을 나타내는 동사를 배운 후
누군가의 행동에 대해 말해 보아요.

laugh
동 (소리내어) 웃다

그녀는 큰 소리로 웃었다.
She laughed loudly.

smile
동 미소 짓다

그녀는 환하게 미소 지었다.
She smiled brightly.

cry
동 울다

그녀는 밤에 울었다.
She cried at night.

complain
동 불평하다

그녀는 그에 대해 불평했다.
She complained about him.

hate
동 몹시 싫어하다

그녀는 벌레들을 몹시 싫어했다.
She hated bugs.

 **Check!** <보기>의 우리말 뜻에 알맞은 영단어를 연결하고, 퍼즐 속에서 그 단어를 찾아보세요.

보기

(소리내어) 웃다	smile
미소 짓다	laugh
울다	hate
불평하다	complain
몹시 싫어하다	cry

```
t  j  v  s  a  q  n  h  c
u  q  l  m  r  e  x  c  o
a  j  h  i  q  b  j  h  m
s  m  i  l  h  i  d  p  p
c  o  c  e  t  u  h  e  l
r  n  m  b  w  o  a  f  a
y  a  v  i  g  m  t  a  i
h  s  r  y  g  j  e  h  n
g  y  l  a  u  g  h  j  y
```

Feelings 4 감정

다양한 감정을 나타내는 동사를 배운 후
자신의 감정을 말해 보아요.

want
(동) 원하다

나는 사과를 원한다.

I want an apple.

dislike
(동) 싫어하다

나는 생선을 싫어한다.

I dislike fish.

prefer
(동) 선호하다

나는 닭고기를 선호한다.

I prefer chicken.

regret
(동) 후회하다

나는 내 말들을 후회한다.

I regret my words.

appreciate
(동) 감사하다

나는 네 도움에 감사한다.

I appreciate your help.

 **Check!**　　＜보기＞의 우리말 뜻에 알맞은 영단어를 연결하세요.

prefer　●

want　●

dislike　●

regret　●

appreciate　●

보기

원하다

싫어하다

선호하다

후회하다

감사하다

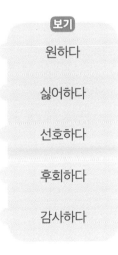

Exercises UNIT 29~30

UNIT 29~30

A 다음 영어를 우리말로, 우리말은 영어로 빈칸에 쓰세요.

1 laugh _____

2 cry _____

3 complain _____

4 dislike _____

5 appreciate _____

6 미소 짓다 _____

7 몹시 싫어하다 _____

8 원하다 _____

9 선호하다 _____

10 후회하다 _____

B 다음 빈칸에 들어갈 알맞은 말을 주어진 우리말에 맞게 쓰세요.

1 She laughed loudly.

그녀는 큰 소리로 웃었다.

2 _____ brightly.

그녀는 환하게 미소 지었다.

3 _____ about him.

그녀는 그에 대해 불평했다.

4 _____ bugs.

그녀는 벌레들을 몹시 싫어했다.

5 I dislike fish.

나는 생선을 싫어한다.

6 _____ chicken.

나는 닭고기를 선호한다.

7 _____ your help.

나는 네 도움에 감사한다.

8 _____ my words.

나는 내 말들을 후회한다.

Voca **Review** Test 1

✏️ 다음 영어를 우리말로, 우리말은 영어로 빈칸에 쓰세요.

	영어	우리말		영어	우리말
1	make a noise	소리를 내다	16	upset	속상한
2		계획하다	17	lonely	
3	make a mistake		18	nervous	
4	make a mess		19		무서워하는
5	make a friend		20		걱정하는
6	take a photo		21		(소리내어) 웃다
7		휴식을 취하다	22	smile	
8		샤워를 하다	23	cry	
9		산책하다	24	complain	
10	take a look		25		몹시 싫어하다
11	surprised		26		원하다
12		혼란스러워하는	27		싫어하다
13	delighted		28	prefer	
14	curious		29	regret	
15		만족하는	30	appreciate	

Voca **Review** Test **2**

✏️ 우리말 뜻을 참고하여 문장을 완성하세요.

1 소리를 내다   Don't <u>make a noise</u>. 소리를 내지 마라.

2 실수하다   Don't _____. 실수하지 마라.

3 휴식을 취하다   Let's _____. 휴식을 취하자.

4 샤워를 하다   Let's _____. 샤워하자.

5 궁금한   I'm very _____. 나는 매우 궁금하다.

6 만족하는   I'm _____. 나는 매우 만족한다.

7 긴장한   He felt _____. 그는 긴장했다.

8 무서워하는   He _____. 그는 무서워했다.

9 미소 짓다   She _____ brightly. 그녀는 환하게 미소 지었다.

10 불평하다   She _____ about him. 그녀는 그에 대해 불평했다.

11 원하다   I _____ an apple. 나는 사과를 원한다.

12 선호하다   I _____ chicken. 나는 닭고기를 선호한다.

13 산책하다   Let's _____. 산책하자.

14 살펴보다   Let's _____. 살펴보자.

15 후회하다   I _____ my words. 나는 내 말들을 후회한다.

16 감사하다   I _____ your help. 나는 네 도움에 감사한다.

PART 6

각 UNIT의 QR 코드를 스캔하여
영단어, 영어 표현, 예시 문장을 듣고 따라해 보세요.

UNIT 31 **Fashion** 　　오디오 QR 코드

UNIT 32 **Phrasal Verbs 1** 　　오디오 QR 코드

UNIT 33 **Opposites 1** 　　오디오 QR 코드
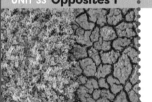

UNIT 34 **Thinking 1** 　　오디오 QR 코드

UNIT 35 **Opposites 2** 　　오디오 QR 코드

UNIT 36 **Opposites 3** 　　오디오 QR 코드

Fashion 패션

한 쌍을 이루는 의복이나 물건을 나타내는 단어를 배운 후
누군가가 무엇을 착용하고 있는지 말해 보아요.

He's wearing _____.

glasses
명 안경

그는 안경을 쓰고 있다.

He's wearing glasses.

shoes
명 신발

그는 신발을 신고 있다.

socks
명 양말

그는 양말을 신고 있다.

gloves
명 장갑

그는 장갑을 끼고 있다.

earrings
명 귀걸이

그는 귀걸이를 착용하고 있다.

 **Check!**   다음 그림에 알맞은 영어 표현을 <보기>에서 찾아 쓰세요.

보기
glasses
shoes
socks
gloves
earrings

   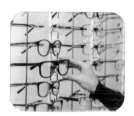

Phrasal Verbs 1 구동사

동사가 전치사나 부사와 결합하여
다양한 의미를 나타내는 구동사를 배워 보아요.

dress up
옷을 갖춰 입다

내일은 옷을 갖춰 입어라.

Dress up tomorrow.

cut out
~을 오려내다

그 종이를 오려내라.

the paper.

pick up
~을 줍다

그 쓰레기를 주워라.

the trash.

give up
포기하다

지금 포기해라.

now.

go back
돌아가다

네 자리로 돌아가라.

to your seat.

 **Check!**   <보기>의 우리말 뜻에 알맞은 영어 표현을 연결하세요.

	보기
cut out the paper ●	내일 옷을 갖춰 입다
give up now ●	그 종이를 오려내다
dress up tomorrow ●	그 쓰레기를 줍다
pick up the trash ●	지금 포기하다
go back to your seat ●	네 자리로 돌아가다

Exercises UNIT 31~32

A 다음 영어를 우리말로, 우리말은 영어로 빈칸에 쓰세요.

1 glasses   _____   6 신발   _____

2 socks   _____   7 장갑   _____

3 earrings   _____   8 옷을 갖춰 입다   _____

4 cut out   _____   9 ~을 줍다   _____

5 give up   _____   10 돌아가다   _____

B 다음 빈칸에 들어갈 알맞은 말을 주어진 우리말에 맞게 쓰세요.

1 He's wearing _____ socks.

그는 양말을 신고 있다.

2 _____ _____

그는 신발을 신고 있다.

3 _____ _____

그는 장갑을 끼고 있다.

4 _____ _____

그는 귀걸이를 착용하고 있다.

5 Cut out _____ the paper.

그 종이를 오려내라.

6 _____ the trash.

그 쓰레기를 주워라.

7 _____ now.

지금 포기해라.

8 _____ to your seat.

네 자리로 돌아가라.

Opposites 1 반대말

서로 반대되는 의미의 형용사를 배워 보아요.

same

형 같은

각 단어를 두 번씩 쓰세요.

same   same

different

형 다른

right

형 옳은

wrong

형 틀린

positive

형 긍정적인

negative

형 부정적인

sharp

형 날카로운

dull

형 둔한

73

Thinking 1 생각

생각이나 문제 해결과 관련된 난어를 배운 후
누군가가 무엇을 하는지 말해 보아요.

doubt
⑧ 의심하다

그들은 그의 말들을 의심한다.

They doubt his words.

solve
⑧ 해결하다

그들은 그 문제를 해결한다.

the problem.

prepare
⑧ 준비하다

그들은 그 시험을 준비한다.

for the test.

answer
⑧ 답하다

그들은 그 질문에 답한다.

the question.

write
⑧ (글자·숫자를) 쓰다

그들은 그 이야기를 쓴다.

the story.

✓ **Check!** 〈보기〉의 우리말 뜻에 알맞은 영어 표현을 연결하세요.

solve the problem	●
write the story	●
prepare for the test	●
answer the question	●
doubt his words	●

보기

그의 말들을 의심하다

그 문제를 해결하다

그 시험을 준비하다

그 질문에 답하다

그 이야기를 쓰다

Exercises

A 다음 영어를 우리말로, 우리말은 영어로 빈칸에 쓰세요.

1 same _____ 7 다른 _____

2 right _____ 8 틀린 _____

3 negative _____ 9 긍정적인 _____

4 dull _____ 10 의심하다 _____

5 solve _____ 11 준비하다 _____

6 answer _____ 12 (글자·숫자를) 쓰다 _____

B 다음 빈칸에 들어갈 알맞은 말을 주어진 우리말에 맞게 쓰세요.

1 **They doubt** his words.
그들은 그의 말들을 의심한다.

2 _____ the problem.
그들은 그 문제를 해결한다.

3 _____ for the test.
그들은 그 시험을 준비한다.

4 _____ the question.
그들은 그 질문에 답한다.

5 _____ the story.
그들은 그 이야기를 쓴다.

Opposites 2 반대말

서로 반대되는 의미의 형용사를 배워 보아요.

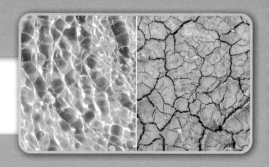

wide

형 넓은

narrow

형 좁은

thick

형 두꺼운

thin

형 얇은

solid

형 고체의

liquid

형 액체의

wet

형 젖은

dry

형 마른, 건조한

각 단어를 두 번씩 쓰세요.

wide · wide

Opposites 3 반대말

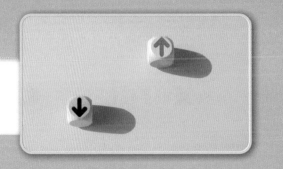

서로 반대되는 의미의 형용사 또는 동사를 배워 보아요.

sink
동 가라앉다

float
동 (물 위에) 뜨다

dead
형 죽은

alive
형 살아 있는

loose
형 헐거워진, 풀린

tight
형 꽉 조여 있는

slippery
형 미끄러운

sticky
형 끈적거리는

각 단어를 두 번씩 쓰세요.

sink   sink

Exercises UNIT 35~36

A 다음 영어를 우리말로 빈칸에 쓴 후 영단어를 다시 써 보세요.

		우리말	영단어 다시 쓰기
1	wide		
2	narrow		
3	dry		
4	liquid		
5	solid		
6	thin		
7	wet		
8	thick		
9	sink		
10	float		
11	dead		
12	alive		
13	slippery		
14	sticky		
15	loose		
16	tight		

Voca **Review** Test **1**

✏️ 다음 영어를 우리말로, 우리말은 영어로 빈칸에 쓰세요.

영어	우리말		영어	우리말
1 glasses	안경	21 prepare	준비하다
2	신발	22 answer	
3 socks		23 write	
4 gloves		24 wide	
5 earrings		25	좁은
6 dress up		26	두꺼운
7	~을 오려내다	27	얇은
8 pick up		28 solid	
9	포기하다	29 liquid	
10 go back		30	젖은
11 same		31	마른, 건조한
12	다른	32 sink	
13 right		33	(물 위에) 뜨다
14 wrong		34 dead	
15	긍정적인	35	살아 있는
16	부정적인	36 loose	
17 sharp		37 tight	
18 dull		38	미끄러운
19	의심하다	39 sticky	
20	해결하다		

Voca **Review** Test **2**

✏️ 우리말 뜻을 참고하여 문장을 완성하세요.

1 안경   He's wearing <u>glasses</u>. 그는 안경을 쓰고 있다.

2 양말   He's _____. 그는 양말을 신고 있다.

3 옷을 갖춰 입다   _____ tomorrow. 내일 옷을 갖춰 입어라.

4 ~을 오려내다   _____ the paper. 그 종이를 오려내라.

5 의심하다   They _____ his words. 그들은 그의 말들을 의심한다.

6 준비하다   They _____ for the test. 그들은 그 시험을 준비한다.

7 장갑   He's wearing _____. 그는 장갑을 끼고 있다.

8 귀걸이   He's _____. 그는 귀걸이를 착용하고 있다.

9 ~을 줍다   _____ the trash. 그 쓰레기를 주워라.

10 포기하다   _____ now. 지금 포기해라.

11 답하다   _____ the question. 그들은 그 질문에 답한다.

12 (글자·숫자를) 쓰다   _____ the story. 그들은 그 이야기를 쓴다.

PART 7

각 UNIT의 QR 코드를 스캔하여
영단어, 영어 표현, 예시 문장을 듣고 따라해 보세요.

UNIT 37 **Character**

오디오 QR 코드

UNIT 38 **Social Life**

오디오 QR 코드

UNIT 39 **Adjectives**

오디오 QR 코드

UNIT 40 **Tricky Words**

오디오 QR 코드

UNIT 41 **Information**

오디오 QR 코드

UNIT 42 **Jobs**

오디오 QR 코드

Character 성격

사람의 성격을 나타내는 단어를 배워 보아요.

friendly

형 다정한

각 단어를 두 번씩 쓰세요.

friendly   friendly

lovely

형 사랑스러운

social

형 사교적인

brave

형 용감한

polite

형 예의 바른

calm

형 침착한

shy

형 수줍어하는

clever

형 영리한

Social Life 사회 생활

학교나 사회에서 자주 하는 행동을 나타내는 단어를 배운 후
누군가가 무엇을 했는지 말해 보아요.

meet
⑧ 만나다

그들은 그들의 팬들을 만났다. (meet - met)

They met their fans.

greet
⑧ ~에게 인사하다

그들은 서로에게 인사했다. (greet - greeted)

each other.

bow
⑧ (고개를 숙여) 인사하다

그들은 그들의 선생님에게 인사했다. (bow - bowed)

to their teacher.

introduce
⑧ 소개하다

그들은 그를 나에게 소개했다. (introduce - introduced)

him to me.

shake hands
악수하다

그들은 진심으로 악수했다. (shake - shook)

heartily.

 **Check!**   <보기>의 우리말 뜻에 알맞은 영어 표현을 연결하세요.

	보기
greet each other ●	그들의 팬들을 만나다
meet their fans ●	서로에게 인사하다
bow to their teacher ●	그들의 선생님에게 인사하다
shake hands heartily ●	그를 나에게 소개하다
introduce him to me ●	진심으로 악수하다

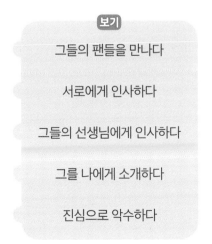

Exercises UNIT 37~38

A 다음 영어를 우리말로, 우리말은 영어로 빈칸에 쓰세요.

1 friendly _____

2 social _____

3 polite _____

4 shy _____

5 meet _____

6 bow _____

7 shake hands _____

8 사랑스러운 _____

9 용감한 _____

10 침착한 _____

11 영리한 _____

12 ~에게 인사하다 _____

13 소개하다 _____

B 다음 빈칸에 들어갈 알맞은 말을 주어진 우리말에 맞게 쓰세요.

1 _They met_ their fans. _____

그들은 그들의 팬들을 만났다.

2 _____ each other. _____

그들은 서로에게 인사했다.

3 _____ him to me. _____

그들은 그를 나에게 소개했다.

4 _____ to their teacher. _____

그들은 그들의 선생님에게 인사했다.

5 _____ heartily. _____

그들은 진심으로 악수했다.

Adjectives 형용사

중요도와 난이도, 확신을 나타내는 형용사를 배워 보아요.

important
형 중요한

각 단어를 두 번씩 쓰세요.

important   important

leading
형 선두적인, 가장 중요한

key
형 가장 중요한, 핵심적인

tough
형 힘든, 어려운

certain
형 확실한

sure
형 확신하는

clear
형 분명한

doubtful
형 의심스러운

Tricky Words 철자가 헷갈리는 단어

철자가 복잡하여 헷갈리는 단어를 배워 보아요.

aisle
명 통로

각 단어를 두 번씩 쓰세요.

aisle   aisle

ceiling
명 천장

dessert
명 후식

island
명 섬

language
명 언어

knowledge
명 지식

medicine
명 약, 약물

neighbor
명 이웃

A 다음 영어를 우리말로 빈칸에 쓴 후 영단어를 다시 써 보세요.

		우리말	영단어 다시 쓰기
1	important		
2	tough		
3	key		
4	leading		
5	certain		
6	doubtful		
7	clear		
8	sure		
9	aisle		
10	language		
11	knowledge		
12	dessert		
13	island		
14	ceiling		
15	neighbor		
16	medicine		

Information 정보

개인 정보를 나타내는 단어를 배운 후
누군가에게 궁금한 점을 물어 보아요.

What's your _____ ?

name
⑲ 이름

네 이름은 무엇이니?

What's your   name?

age
⑲ 나이

네 나이가 어떻게 되니?

address
⑲ 주소

네 주소가 무엇이니?

account number
⑲ (은행의) 계좌번호

네 계좌번호가 무엇이니?

phone number
⑲ 전화번호

네 전화번호가 무엇이니?

✔ **Check!**   <보기>의 우리말 뜻에 알맞은 영단어를 연결하세요.

보기	
이름	● ⎯⎯ age
나이	● ⎯⎯ account number
주소	● ⎯⎯ address
(은행의) 계좌번호	● ⎯⎯ name
전화번호	● ⎯⎯ phone number

Jobs 직업

사람들의 직업을 나타내는 단어를 배워 보아요.

inventor
몡 발명가

각 단어를 두 번씩 쓰세요.

inventor | inventor

reporter
몡 (보도) 기자

judge
몡 판사

detective
몡 형사, 탐정

architect
몡 건축가

lifeguard
몡 인명 구조원

professor
몡 교수

lawyer
몡 변호사

Exercises UNIT 41~42

A 다음 영어를 우리말로 빈칸에 쓴 후 영단어를 다시 써 보세요.

		우리말	영단어 다시 쓰기
1	name		
2	age		
3	address		
4	account number		
5	phone number		
6	reporter		
7	inventor		
8	judge		
9	detective		
10	professor		
11	lifeguard		
12	architect		
13	lawyer		

Voca **Review** Test **1**

다음 영어를 우리말로, 우리말은 영어로 빈칸에 쓰세요.

	영어	우리말		영어	우리말
1	friendly	다정한	22	aisle	통로
2		사랑스러운	23	ceiling	
3	social		24		후식
4	brave		25		섬
5	polite		26		언어
6	calm		27		지식
7		수줍어하는	28	medicine	
8	clever		29	neighbor	
9		만나다	30		이름
10	greet		31	age	
11	bow		32		주소
12		소개하다	33	account number	
13	shake hands		34		전화번호
14	important		35		발명가
15		선두적인, 가장 중요한	36	reporter	
16	key		37	judge	
17	tough		38		형사, 탐정
18		확실한	39	architect	
19		확신하는	40		인명 구조원
20	clear		41	professor	
21	doubtful		42		변호사

Voca **Review** Test **2**

✏️ 우리말 뜻을 참고하여 문장을 완성하세요.

1 만나다

They <u>met</u> their fans. 그들은 그들의 팬들을 만났다.

2 ~에게 인사하다

They _____ each other. 그들은 서로에게 인사했다.

3 나이

What's your _____? 네 나이가 어떻게 되니?

4 주소

What's _____? 네 주소가 무엇이니?

5 소개하다

They _____ him to me. 그들은 그를 나에게 소개했다.

6 악수하다

They _____ heartily. 그들은 진심으로 악수했다.

7 (은행의) 계좌번호

What's your _____? 네 계좌번호가 무엇이니?

8 전화번호

What's _____? 네 전화번호가 무엇이니?

PART 8

각 UNIT의 QR 코드를 스캔하여
영단어, 영어 표현, 예시 문장을 듣고 따라해 보세요.

UNIT 43 House 오디오 QR 코드

UNIT 44 Appliances 오디오 QR 코드

UNIT 45 Housework 오디오 QR 코드

UNIT 46 Computer Words 오디오 QR 코드

UNIT 47 Dangers 1 오디오 QR 코드

UNIT 48 Dangers 2 오디오 QR 코드

House 집

집의 내부와 외부에 있는 것을 나타내는 단어를 배워 보아요.

roof
⑲ 지붕

각 단어를 두 번씩 쓰세요.

roof   roof

stair
⑲ 계단

brick
⑲ 벽돌

garage
⑲ 차고

wall
⑲ 벽, 담

attic
⑲ 다락방

basement
⑲ 지하실

path
⑲ 길

Appliances 가전제품

집안에서 사용하는 가전제품을 나타내는 단어를 배워 보아요.

microwave
몡 전자레인지

각 단어를 두 번씩 쓰세요.

microwave   microwave

blender
몡 믹서기, 분쇄기

washing machine
몡 세탁기

dishwasher
몡 식기세척기

air conditioner
몡 에어컨

vacuum cleaner
몡 진공청소기

iron
몡 다리미

electric fan
몡 선풍기

A 다음 영어를 우리말로 빈칸에 쓴 후 영단어를 다시 써 보세요.

		우리말	영단어 다시 쓰기
1	roof		
2	stair		
3	brick		
4	garage		
5	basement		
6	wall		
7	attic		
8	path		
9	microwave		
10	blender		
11	dishwasher		
12	washing machine		
13	air conditioner		
14	electric fan		
15	iron		
16	vacuum cleaner		

Housework 집안일

집안에서 할 수 있는 일을 나타내는 표현을 배워 보아요.

water the plants

식물에 물을 주다

각 표현을 두 번씩 쓰세요.

water the plants water the plants

sweep the floor

바닥을 쓸다

vacuum the floor

바닥을 진공청소기로 청소하다

make the bed

잠자리를 정돈하다

do the laundry

빨래를 하다

take out the trash

쓰레기를 버리다

Computer Words 컴퓨터 용어

컴퓨터를 사용하여 할 수 있는 행동을 나타내는 단어와 표현을 배워 보아요.

delete
⑧ 삭제하다

네 파일들을 삭제해라.

Delete your files.

type
⑧ (컴퓨터로) 타자 치다

타자를 빨리 쳐라.

quickly.

search
⑧ 찾아보다, 검색하다

그 파일을 찾아봐라.

the file.

go online
온라인에 접속하다

지금 바로 온라인에 접속해라.

right now.

plug in
~의 전원을 연결하다

네 노트북의 전원을 연결해라.

your laptop.

save
⑧ 저장하다

네 파일들을 저장해라.

your files.

print out
인쇄하다

그 사진들을 인쇄해라.

the photos.

Exercises  UNIT 45~46

A 다음 영어를 우리말로 빈칸에 쓴 후 영단어 또는 영어 표현을 다시 써 보세요.

		우리말	영단어 / 영어 표현 다시 쓰기
1	water the plants		
2	make the bed		
3	vacuum the floor		
4	sweep the floor		
5	take out the trash		
6	do the laundry		
7	delete		
8	type		
9	search		
10	print out		
11	plug in		
12	save		
13	go online		

Dangers 1 위험

손상이나 부상, 피해를 나타내는 단어를 배운 후
누군가가 어떤 위험을 야기하거나 위험에 처했는지 말해 보아요.

damage
명 손상, 피해

그것은 손상을 야기했다.

It caused damage.

injury
명 부상

그는 무릎 부상을 입었다.

He got a knee injury.

pain
명 고통

그는 날카로운 고통을 느꼈다.

He felt a sharp pain.

harm
명 피해

그것은 피해를 야기했다.

It caused harm.

scar
명 흉터

그에게 깊은 흉터가 생겼다.

He got a deep scar.

 **Check!** <보기>의 우리말 뜻에 알맞은 영단어 또는 표현을 연결하세요.

보기

피해

무릎 부상

날카로운 고통

손상, 피해

깊은 흉터

harm

damage

a knee injury

a deep scar

a sharp pain

Dangers 2 위험

위험을 야기하거나 피하는 것을 나타내는 표현을 배운 후
위험을 야기했거나 위험에서 벗어난 상황에 대해 말해 보아요.

cause
동 ~을 야기하다

그것은 그 화재를 야기했다.

It caused the fire.

avoid
동 피하다

그녀는 그 사고를 피했다.

She avoided the accident.

escape from
~에서 탈출하다

그녀는 그 차에서 탈출했다.

She escaped from the car.

suffer from
~으로 고통받다

그녀는 두통으로 고통받았다.

She suffered from a headache.

result from
~에서 비롯되다

그것은 그 부상에서 비롯됐다.

It resulted from the injury.

 **Check!**   <보기>의 우리말 뜻에 알맞은 영어 표현을 연결하세요.

	보기
escape from the car ●	그 화재를 야기하다
suffer from a headache ●	그 사고를 피하다
result from the injury ●	그 차에서 탈출하다
avoid the accident ●	두통으로 고통받다
cause the fire ●	그 부상에서 비롯되다

Exercises

A 다음 영어를 우리말로, 우리말은 영어로 빈칸에 쓰세요.

1 damage _____

2 pain _____

3 scar _____

4 escape from _____

5 suffer from _____

6 부상 _____

7 피해 _____

8 ~을 야기하다 _____

9 피하다 _____

10 ~에서 비롯되다 _____

B 다음 빈칸에 들어갈 알맞은 말을 주어진 우리말에 맞게 쓰세요.

1 It caused _____ damage.

그것은 손상을 야기했다.

2 It caused _____

그것은 피해를 야기했다.

3 He got a _____ knee

그는 무릎 부상을 입었다.

4 He felt a _____ sharp

그는 날카로운 고통을 느꼈다.

5 It caused _____ the fire.

그것은 그 화재를 야기했다.

6 She _____ from the car.

그녀는 그 차에서 탈출했다.

7 She _____ a headache.

그녀는 두통으로 고통받았다.

8 It _____ the injury.

그것은 그 부상에서 비롯됐다.

Voca **Review** Test 1

✏️ 다음 영어를 우리말로, 우리말은 영어로 빈칸에 쓰세요.

영어	우리말	영어	우리말
1 roof	지붕	21 do the laundry	빨래를 하다
2	계단	22 take out the trash	
3 brick		23	삭제하다
4 garage		24 type	
5 wall		25	찾아보다, 검색하다
6 attic		26	온라인에 접속하다
7	지하실	27	~의 전원을 연결하다
8 path		28 save	
9	전자레인지	29 print out	
10 blender		30 damage	
11 washing machine		31	부상
12	식기세척기	32	고통
13 air conditioner		33 harm	
14 vacuum cleaner		34 scar	
15	다리미	35	~을 야기하다
16 electric fan		36 avoid	
17 water the plants		37 escape from	
18	바닥을 쓸다	38	~으로 고통받다
19 vacuum the floor		39	~에서 비롯되다
20	잠자리를 정돈하다		

Voca **Review** Test **2**

✏️ 우리말 뜻을 참고하여 문장을 완성하세요.

1 삭제하다

<u>Delete</u> your files. 네 파일들을 삭제해라.

2 찾아보다, 검색하다

_____ the file. 그 파일을 찾아봐라.

3 부상

He got a knee _____. 그는 무릎 부상을 입었다.

4 고통

He felt a sharp _____. 그는 날카로운 고통을 느꼈다.

5 피하다

She _____ the accident. 그녀는 그 사고를 피했다.

6 ~에서 탈출하다

She _____ the car. 그녀는 그 차에서 탈출했다.

7 ~의 전원을 연결하다

_____ your laptop. 네 노트북의 전원을 연결해라.

8 저장하다

_____ your files. 네 파일들을 저장해라.

9 피해

It caused _____. 그것은 피해를 야기했다.

10 흉터

He got a deep _____. 그에게 깊은 흉터가 생겼다.

11 ~으로 고통받다

She _____ a headache. 그녀는 두통으로 고통받았다.

12 ~에서 비롯되다

It _____ the injury. 그것은 그 부상에서 비롯됐다.

PART 9

각 UNIT의 QR 코드를 스캔하여
영단어, 영어 표현, 예시 문장을 듣고 따라해 보세요.

UNIT 49 **Science**  오디오 QR 코드

UNIT 50 **Adverbs 1**  오디오 QR 코드

UNIT 51 **Adverbs 2**  오디오 QR 코드

UNIT 52 **Help**  오디오 QR 코드

UNIT 53 **Thinking 2**  오디오 QR 코드

UNIT 54 **Phrasal Verbs 2**  오디오 QR 코드

Science 과학

과학 실험을 할 때 사용할 수 있는 단어를 배운 후
누군가가 무엇을 했는지 말해 보아요.

invent
⑧ 발명하다

그는 그 엔진을 발명했다.

He invented the engine.

prove
⑧ 입증하다

그는 그 규칙을 입증했다.

He proved the rule.

conduct
⑧ 실시하다

나는 그 실험을 실시했다.

I conducted the test.

experiment
⑨ 실험

그 과학자들은 실험들을 했다.

The scientists did experiments.

research
⑨ 연구, 조사

그들은 과학적 연구를 했다.

They did scientific research.

 **Check!** <보기>의 우리말 뜻에 알맞은 영어 표현을 연결하세요.

	보기
prove the rule	그 엔진을 발명하다
do experiments	그 규칙을 입증하다
do scientific research	그 실험을 실시하다
conduct the test	실험들을 하다
invent the engine	과학적 연구를 하다

Adverbs 1 부사

형용사 뒤에 -ly가 붙은 부사를 배워 보아요.

형용사와 부사를 구분하여 써 보세요.

	형용사	부사
honestly (부) 정직하게	정직한 honest	정직하게 honestly
warmly (부) 따뜻하게	따뜻한	따뜻하게
easily (부) 쉽게	쉬운	쉽게
patiently (부) 인내심 있게	인내심 있는	인내심 있게
stupidly (부) 어리석게	어리석은	어리석게
angrily (부) 화나서	화난	화나서
justly (부) 공정하게	공정한	공정하게
fully (부) 완전히	완전한	완전히

Exercises

A 다음 영어를 우리말로, 우리말은 영어로 빈칸에 쓰세요.

1 invent _____

2 conduct _____

3 research _____

4 warmly _____

5 patiently _____

6 angrily _____

7 fully _____

8 입증하다 _____

9 실험 _____

10 정직하게 _____

11 쉽게 _____

12 어리석게 _____

13 공정하게 _____

B 다음 빈칸에 들어갈 알맞은 말을 주어진 우리말에 맞게 쓰세요.

1 He invented _____ the engine.

그는 그 엔진을 발명했다.

2 _____ the rule.

그는 그 규칙을 입증했다.

3 _____ the test.

나는 그 실험을 실시했다.

4 The scientists did _____

그 과학자들은 실험들을 했다.

5 They did scientific _____

그들은 과학적 연구를 했다.

Adverbs 2 부사

장소나 위치를 나타내는 부사를 배워 보아요.

abroad

⊕ 해외에

그녀는 해외에 친구들이 있다.

She has friends abroad.

indoors

⊕ 실내에서

그녀는 실내에서 머무른다.

She stays

outdoors

⊕ 야외에서

그녀는 야외에서 뛰고 있다.

She is running

upstairs

⊕ 위층에(서), 위층으로

그녀는 위층에 있었다.

She was

downstairs

⊕ 아래층에(서), 아래층으로

그녀는 아래층으로 갔다.

She went

above

⊕ 위에

위에 구름들을 봐.

Look at the clouds

below

⊕ 아래에

아래에 그림을 봐.

Look at the picture

backward

⊕ 뒤로, 거꾸로

그것은 뒤로 날 수 있다.

It can fly

Help 도움

도움을 요청할 때 자주 사용하는 단어를 배운 후
누군가에게 도움을 요청해 보아요.

Can _____?

borrow
(동) 빌리다

내가 네 책을 빌려도 되니?

Can I borrow your book?

lend
(동) 빌려주다

너는 네 책을 나에게 빌려줄 수 있니?

Can you lend me your book?

recommend
(동) 추천하다

너는 나에게 호텔을 추천해 줄 수 있니?

Can you recommend me a hotel?

volunteer
(동) 자원하다

내가 그 작업을 자원할 수 있니?

Can I volunteer for the work?

ask a favor of
~에게 부탁을 하다

내가 네게 부탁을 해도 되니?

Can I ask a favor of you?

 **Check!**   <보기>의 우리말 뜻에 알맞은 영어 표현을 연결하세요.

	보기
lend me your book ●	네 책을 빌리다
volunteer for the work ●	네 책을 나에게 빌려주다
ask a favor of you ●	나에게 호텔을 추천해 주다
recommend me a hotel ●	그 작업을 자원하다
borrow your book ●	네게 부탁을 하다

Exercises UNIT 51~52

A 다음 영어를 우리말로, 우리말은 영어로 빈칸에 쓰세요.

1 abroad _____

2 outdoors _____

3 downstairs _____

4 above _____

5 borrow _____

6 recommend _____

7 ask a favor of _____

8 실내에서 _____

9 위층에(서), 위층으로 _____

10 아래에 _____

11 뒤로, 거꾸로 _____

12 빌려주다 _____

13 자원하다 _____

B 다음 빈칸에 들어갈 알맞은 말을 주어진 우리말에 맞게 쓰세요.

1 She stays _____ indoors.

그녀는 실내에서 머무른다.

2 Look at the clouds _____

위에 구름들을 봐.

3 It can fly _____

그것은 뒤로 날 수 있다.

4 Can _____

내가 네 책을 빌려도 되니?

5 Can _____

너는 네 책을 나에게 빌려줄 수 있니?

6 Can _____

내가 네게 부탁을 해도 되니?

Thinking 2 생각

생각이나 문제 해결과 관련된 단어를 배운 후
누군가가 무엇을 했는지 말해 보아요.

understand
동 이해하다

나는 그의 말들을 이해하지 못했다.
I didn't understand his words.

express
동 표현하다

그의 눈은 슬픔을 표현했다.
His eyes expressed sadness.

guess
동 추측하다

그것이 무엇인지 추측해 봐.
Guess what it is.

recall
동 기억해 내다

그는 그의 첫사랑을 기억해 내지 못했다.
He couldn't recall his first love.

create
동 ~을 만들어 내다

그는 그 인물을 만들어 냈다.
He created the character.

 **Check!** <보기>의 우리말 뜻에 알맞은 영어 표현을 연결하세요.

보기

그의 말들을 이해하다		express sadness
슬픔을 표현하다		understand his words
그것이 무엇인지 추측하다		recall his first love
그의 첫사랑을 기억해 내다		create the character
그 인물을 만들어 내다		guess what it is

Phrasal Verbs 2 구동사

동사가 전치사 at, for, to, with와 결합하여
다양한 의미를 나타내는 구동사를 배워 보아요.

arrive at
~에 도착하다

그녀는 자신의 고향에 도착했다.

She arrived at her hometown.

smile at
~에게 미소 짓다

그녀는 자신의 개에게 미소 지었다.

She smiled at her dog.

thank for
~에 대해 감사하다

그녀는 그의 도움에 대해 그에게 감사했다.

She thanked him for his help.

apologize for
~에 대해 사과하다

그녀는 그 오류에 대해 사과했다.

She apologized for the error.

belong to
~에 속하다, ~의 것이다

그 책들은 제이크의 것이다.

The books belong to Jake.

talk with
~와 대화하다

그녀는 제이크와 두 시간 동안 대화했다.

She talked with Jake for two hours.

agree with
~에 동의하다

그녀는 그의 생각에 동의하지 않았다.

She didn't agree with his idea.

help with
~을 돕다

그녀는 그 집안일을 도왔다.

She helped with the housework.

Exercises UNIT 53~54

A 다음 영어를 우리말로, 우리말은 영어로 빈칸에 쓰세요.

1 understand _____

2 create _____

3 guess _____

4 smile at _____

5 thank for _____

6 talk with _____

7 help with _____

8 표현하다 _____

9 기억해 내다 _____

10 ~에 도착하다 _____

11 ~에 대해 사과하다 _____

12 ~에 속하다, ~의 것이다 _____

13 ~에 동의하다 _____

B 다음 빈칸에 들어갈 알맞은 말을 주어진 우리말에 맞게 쓰세요.

1 I didn't _____ his words.

나는 그의 말들을 이해하지 못했다.

2 His eyes _____ sadness.

그의 눈은 슬픔을 표현했다.

3 _____ what it is.

그것이 무엇인지 추측해 봐.

4 She _____ her dog.

그녀는 자신의 개에게 미소 지었다.

5 The books _____ Jake.

그 책들은 제이크의 것이다.

6 She _____ the housework.

그녀는 그 집안일을 도왔다.

Voca **Review** Test **1**

✏️ 다음 영어를 우리말로, 우리말은 영어로 빈칸에 쓰세요.

	영어	우리말			영어	우리말
1	invent	발명하다		21	backward	뒤로, 거꾸로
2		입증하다		22		빌리다
3	conduct			23	lend	
4	experiment			24		추천하다
5	research			25		자원하다
6	honestly			26	ask a favor of	
7		따뜻하게		27	understand	
8	easily			28	express	
9		인내심 있게		29	guess	
10	stupidly			30		기억해 내다
11	angrily			31	create	
12		공정하게		32		~에 도착하다
13	fully			33	smile at	
14	abroad			34	thank for	
15		실내에서		35		~에 대해 사과하다
16	outdoors			36		~에 속하다, ~의 것이다
17	upstairs			37	talk with	
18		아래층에(서), 아래층으로		38	agree with	
19	above			39	help with	
20		아래에				

Voca **Review** Test **2**

🖊 우리말 뜻을 참고하여 문장을 완성하세요.

1. 발명하다   He <u>invented</u> the engine. 그는 그 엔진을 발명했다.

2. 입증하다   He _____ the rule. 그는 그 규칙을 입증했다.

3. 실내에서   She stays _____. 그녀는 실내에서 머무른다.

4. 야외에서   She is running _____. 그녀는 야외에서 뛰고 있다.

5. 빌리다   Can I _____ your book? 내가 네 책을 빌려도 되니?

6. 빌려주다   Can you _____ me your book? 너는 네 책을 나에게 빌려줄 수 있니?

7. 이해하다   I didn't _____ his words. 나는 그의 말들을 이해하지 못했다.

8. 표현하다   His eyes _____ sadness. 그의 눈은 슬픔을 표현했다.

9. ~에 도착하다   She _____ her hometown. 그녀는 자신의 고향에 도착했다.

10. ~에 속하다, ~의 것이다   The books _____ Jake. 그 책들은 제이크의 것이다.

11. 실험   The scientists did _____. 그 과학자들은 실험들을 했다.

12. 연구, 조사   They did scientific _____. 그들은 과학적 연구를 했다.

13. 위에   Look at the clouds _____. 위에 구름들을 봐.

14. 아래에   Look at the picture _____. 아래에 그림을 봐.

PART 10

각 UNIT의 QR 코드를 스캔하여
영단어, 영어 표현, 예시 문장을 듣고 따라해 보세요.

UNIT 55 **Verbs 8**

오디오 QR 코드

UNIT 56 **Money**

오디오 QR 코드

UNIT 57 **Time**

오디오 QR 코드

UNIT 58 **Phrases 1**

오디오 QR 코드

UNIT 59 **Phrases 2**

오디오 QR 코드

UNIT 60 **Thinking 3**

오디오 QR 코드

Verbs 8 동사

추상적인 의미를 나타내는 동사를 배운 후
누군가가 무엇을 했는지 말해 보아요.

accept
동 받아들이다

그는 나의 사과를 받아들였다.

He accepted my apology.

disagree
동 동의하지 않다

그는 나와 동의하지 않았다.

He disagreed with me.

realize
동 알아차리다, 깨닫다

그는 그 문제를 알아차렸다.

He realized the problem.

misunderstand
동 오해하다

그는 나의 말들을 오해했다.

He misunderstood my words.

receive
동 받다

그는 상을 받았다.

He received a prize.

 **Check!**   <보기>의 우리말 뜻에 알맞은 영어 표현을 연결하세요.

보기

나의 사과를 받아들이다	disagree with me
나와 동의하지 않다	receive a prize
그 문제를 알아차리다	realize the problem
나의 말들을 오해하다	misunderstand my words
상을 받다	accept my apology

Money 돈

돈과 관련된 동사를 배운 후
돈에 대한 질문이나 설명, 조언을 해 보아요.

pay
⑧ (비용을) 지불하다

너는 그 입장권 비용을 지불했니?

Did you pay for the ticket?

cost
⑧ (비용이 얼마) 들다

그것을 사는 데 5달러가 들었다.

It cost $5 to buy it.

spend
⑧ (돈을) 쓰다

그는 차에 돈을 썼다.

He spent money on a car.

waste
⑧ 낭비하다

네 돈을 낭비하지 마라.

Don't waste your money.

save
⑧ (돈을) 모으다

그는 차를 구매하기 위해 돈을 모으고 있다.

He's saving to buy a car.

 **Check!** <보기>의 우리말 뜻에 알맞은 영어 표현을 연결하세요.

	보기
cost $5 ●	그 입장권 비용을 지불하다
save to buy a car ●	5달러가 들다
waste your money ●	차에 돈을 쓰다
spend money on a car ●	네 돈을 낭비하다
pay for the ticket ●	차를 구매하기 위해 돈을 모으다

Exercises UNIT 55~56

A 다음 영어를 우리말로, 우리말은 영어로 빈칸에 쓰세요.

1 accept _____

2 realize _____

3 receive _____

4 cost _____

5 spend _____

6 동의하지 않다 _____

7 오해하다 _____

8 (비용을) 지불하다 _____

9 낭비하다 _____

10 (돈을) 모으다 _____

B 다음 빈칸에 들어갈 알맞은 말을 주어진 우리말에 맞게 쓰세요.

1 He _____ my apology.

그는 나의 사과를 받아들였다.

2 He _____ with me.

그는 나와 동의하지 않았다.

3 He _____ my words.

그는 나의 말들을 오해했다.

4 He _____ a prize.

그는 상을 받았다.

5 Did you _____ for the ticket?

너는 그 입장권 비용을 지불했니?

6 He _____ money on a car.

그는 차에 돈을 썼다.

7 Don't _____ your money.

네 돈을 낭비하지 마라.

8 He's _____ to buy a car.

그는 차를 구매하기 위해 돈을 모으고 있다.

120

Time 시간 표현

시간 또는 시간의 흐름을 나타내는 단어를 배운 후
특정한 시점이나 기간에 이루어지는 일을 말해 보아요.

daily
(부) 매일

매일 그 알약들을 복용해라.

Take the pills daily.

weekly
(부) 매주

우리는 매주 그 도시에 간다.

We go to the city weekly.

annually
(부) 매년

그것은 매년 100달러의 비용이 든다.

It costs $100 annually.

yearly
(부) 매년

나는 매년 해외로 여행한다.

I travel abroad yearly.

eventually
(부) 결국

그는 결국 집을 떠날 것이다.

He'll eventually leave home.

 **Check!**   <보기>의 우리말 뜻에 알맞은 영단어를 연결하세요.

보기	
매주	daily
매년	annually
매일	weekly
결국	eventually

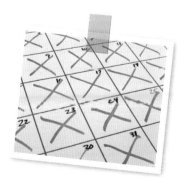

Phrases 1 어구

전치사가 포함된 어구를 배운 후
다양하게 활용해 보아요.

on time
제시간에

그는 제시간에 도착했다.
He arrived on time.

in no time
(놀라울 정도로) 곧

나는 곧 그곳에 도착할 것이다.
I'll get there in no time.

on sale
할인 중인

그것은 할인 중이다.
It's on sale.

for sale
판매 중인

그것들은 판매 중이 아니다.
They are not for sale.

in danger
위기에 처한

돌고래들은 위기에 처해 있다.
Dolphins are in danger.

 **Check!** <보기>의 우리말 뜻에 알맞은 영어 표현을 연결하세요.

on sale	●
for sale	●
on time	●
in danger	●
in no time	●

보기

제시간에

(놀라울 정도로) 곧

할인 중인

판매 중인

위기에 처한

Exercises UNIT 57~58

A 다음 영어를 우리말로, 우리말은 영어로 빈칸에 쓰세요.

1 eventually _____

2 annually _____

3 weekly _____

4 in no time _____

5 for sale _____

6 매일 _____

7 매년 _____

8 제시간에 _____

9 할인 중인 _____

10 위기에 처한 _____

B 다음 빈칸에 들어갈 알맞은 말을 주어진 우리말에 맞게 쓰세요.

1 Take the pills _____ daily.

매일 그 알약들을 복용해라.

2 We go to the city _____

우리는 매주 그 도시에 간다.

3 It costs $100 _____

그것은 매년 100달러의 비용이 든다.

4 I travel abroad _____

나는 매년 해외로 여행한다.

5 It's _____ on sale.

그것은 할인 중이다.

6 He arrived _____

그는 제시간에 도착했다.

7 They are not _____

그것들은 판매 중이 아니다.

8 Dolphins are _____

돌고래는 위기에 처해 있다.

Phrases 2 어구

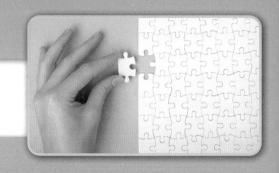

시간의 경과나 순서를 나타내는 어구를 배운 후
다양하게 활용해 보아요.

at first
처음에는

처음에는, 그가 물을 좀 원했다.
At first, he wanted some water.

at last
마침내

마침내, 그는 그것을 끝냈다.
At last, he finished it.

for the first time
처음으로

나는 처음으로 토론토에 갔다.
I went to Toronto for the first time.

for a long time
오랫동안

그는 오랫동안 기다리고 있었다.
He was waiting for a long time.

at the same time
동시에

우리는 모두 동시에 떠났다.
We all left at the same time.

✓ **Check!**   <보기>의 우리말 뜻에 알맞은 영어 표현을 연결하세요.

보기

| 처음에는 |
| 마침내 |
| 처음으로 |
| 오랫동안 |
| 동시에 |

- at last
- at first
- for a long time
- for the first time
- at the same time

Thinking 3 생각

생각이나 문제 해결과 관련된 단어를 배운 후
누군가가 무엇을 했는지 말해 보아요.

consider
⑤ 고려하다

우리는 그의 감정들을 고려했다.

We considered his feelings.

expect
⑤ 예상하다

그는 새로운 직업을 얻을 것을 예상했다.

He expected to have a new job.

suppose
⑤ 생각하다, 추측하다

나는 그가 바쁘다고 생각한다.

I suppose that he is busy.

imagine
⑤ 상상하다

그것이 어떤 기분일지 상상해 봐.

Imagine how it will feel.

believe
⑤ 믿다

나는 그 이야기를 믿는다.

I believe the story.

 **Check!** 　　<보기>의 우리말 뜻에 알맞은 영단어를 연결하세요.

suppose ●

believe ●

imagine ●

expect ●

consider ●

보기

고려하다

예상하다

생각하다, 추측하다

상상하다

믿다

Exercises UNIT 59~60

A 다음 영어를 우리말로, 우리말은 영어로 빈칸에 쓰세요.

1	at first	_____	6	마침내	_____
2	for the first time	_____	7	오랫동안	_____
3	at the same time	_____	8	고려하다	_____
4	suppose	_____	9	예상하다	_____
5	imagine	_____	10	믿다	_____

B 다음 빈칸에 들어갈 알맞은 말을 주어진 우리말에 맞게 쓰세요.

1 At first, he wanted some water.

처음에는, 그가 물을 좀 원했다.

2 _____ he finished it.

마침내, 그는 그것을 끝냈다.

3 He was waiting _____

그는 오랫동안 기다리고 있었다.

4 We all left _____

우리는 모두 동시에 떠났다.

5 We _____ his feelings.

우리는 그의 감정들을 고려했다.

6 I _____ that he is busy.

나는 그가 바쁘다고 생각한다.

7 _____ how it will feel.

그것이 어떤 기분일지 상상해 봐.

8 I _____ the story.

나는 그 이야기를 믿는다.

Voca **Review** Test 1

✏ 다음 영어를 우리말로, 우리말은 영어로 빈칸에 쓰세요.

	영어	우리말		영어	우리말
1	accept	받아들이다	16	on time	제시간에
2		동의하지 않다	17	in no time	
3	realize		18	on sale	
4	misunderstand		19	for sale	
5	receive		20		위기에 처한
6	pay		21	at first	
7		(비용이 얼마) 들다	22	at last	
8	spend		23		처음으로
9		낭비하다	24	for a long time	
10	save		25		동시에
11	daily		26		고려하다
12		매주	27		예상하다
13	annually		28	suppose	
14	yearly		29	imagine	
15		결국	30	believe	

Voca **Review** Test **2**

✏️ 우리말 뜻을 참고하여 문장을 완성하세요.

1 받아들이다
He <u>accepted</u> my apology. 그는 나의 사과를 받아들였다.

2 동의하지 않다
He _____ with me. 그는 나와 동의하지 않았다.

3 낭비하다
Don't _____ your money. 네 돈을 낭비하지 마라.

4 (돈을) 모으다
He's _____ to buy a car. 그는 차를 구매하기 위해 돈을 모으고 있다.

5 매주
We go to the city _____. 우리는 매주 그 도시에 간다.

6 결국
He'll _____ leave home. 그는 결국 집을 떠날 것이다.

7 제시간에
He arrived _____. 그는 제시간에 도착했다.

8 할인 중인
It's _____. 그것은 할인 중이다.

9 마침내
_____, he finished it. 마침내, 그는 그것을 끝냈다.

10 오랫동안
He was waiting _____. 그는 오랫동안 기다리고 있었다.

11 고려하다
We _____ his feelings. 우리는 그의 감정을 고려했다.

12 믿다
I _____ the story. 나는 그 이야기를 믿는다.

PART 11

각 UNIT의 QR 코드를 스캔하여
영단어, 영어 표현, 예시 문장을 듣고 따라해 보세요.

UNIT 61 Meanings

오디오 QR 코드

UNIT 62 Nouns 1

오디오 QR 코드

UNIT 63 Earth

오디오 QR 코드

UNIT 64 Nouns 2

오디오 QR 코드

UNIT 65 Verbs 9

오디오 QR 코드

UNIT 66 Nouns 3

오디오 QR 코드

Meanings 의미

같은 단어이지만 의미가 다르게 쓰이는 것들을 배워 보아요.

face
명 얼굴

그녀는 얼굴이 둥글다.

She has a round face.

face
동 직면하다

그녀는 큰 문제에 직면했다.

She faced a big problem.

grow
동 자라다

아이들은 정말 빨리 자란다.

Children grow so quickly.

grow
동 (식물을) 기르다

너는 장미들을 기르고 있니?

Are you growing roses?

raise
동 들어올리다

그는 그의 손을 들어올렸니?

Did he raise his hand?

raise
동 (아이·동물을) 키우다, 기르다

그들은 두 명의 아이들을 키웠다.

They raised two children.

handle
명 손잡이

손잡이가 없다.

There is no handle.

handle
동 처리하다

그는 그 일을 아주 잘 처리했다.

He handled the job very well.

130

Nouns 1 명사

동사 find와 자주 쓰이는 명사들을 모아 배워 보아요.

way
⑲ 방법, 길

너는 너만의 방법을 찾을 거야.

You'll find your own way.

answer
⑲ 해답

그는 그 해답을 찾지 못했다.

He couldn't find the answer.

difference
⑲ 차이

우리는 그 차이를 발견했다.

We found the difference.

fault
⑲ 잘못

그는 그녀의 잘못을 깨달았다.

He found her fault.

cure
⑲ 치료(법)

그들은 그 병의 치료법을 발견했다.

They found the cure for the disease.

 **Check!**   <보기>의 우리말 뜻에 알맞은 영어 표현을 연결하세요.

find her fault	●
find the answer	●
find the difference	●
find the cure	●
find your own way	●

보기

너만의 방법을 찾다

그 해답을 찾다

그 차이를 발견하다

그녀의 잘못을 깨닫다

그 치료법을 발견하다

Exercises UNIT 61~62

UNIT 61~62

A 다음 영어를 우리말로, 우리말은 영어로 빈칸에 쓰세요.

1 face _____ ; _____

2 raise _____ , _____

3 way _____

4 difference _____

5 cure _____

6 자라다, (식물을) 기르다 _____

7 손잡이; 처리하다 _____

8 해답 _____

9 잘못 _____

B 다음 빈칸에 들어갈 알맞은 말을 주어진 우리말에 맞게 쓰세요.

1 She _____ a big problem.

그녀는 큰 문제에 직면했다.

2 They _____ two children.

그들은 두 명의 아이들을 키웠다.

3 Are you _____ roses?

너는 장미를 기르고 있니?

4 There is no _____

손잡이가 없다.

5 You'll find your own _____

너는 너만의 방법을 찾을 거야.

6 He couldn't find the _____

그는 그 해답을 찾지 못했다.

7 We found the _____

우리는 그 차이를 발견했다.

8 He found her _____

그는 그녀의 잘못을 깨달았다.

132

Earth 지구

지구 환경에서 볼 수 있는 것을 나타내는 단어를 배운 후
그것을 활용하여 말해 보아요.

soil
명 흙, 토양

그 토양은 매우 건조하다.

The soil is very dry.

forest
명 숲

소나무 숲이 있다.

There is a pine forest.

volcano
명 화산

그것은 활동 중인 화산이다.

It is an active volcano.

desert
명 사막

그들은 사막에서 길을 잃었다.

They were lost in the desert.

plain
명 평원, 평지

너는 그 평원을 볼 수 있다.

You can see the plain.

✔ **Check!**   다음 그림에 알맞은 영단어를 <보기>에서 찾아 쓰세요.

보기
soil
forest
volcano
desert
plain

_____

133

Nouns 2 명사

어떤 사실이나 의견을 나타내는 단어를 배운 후
그것을 활용하여 말해 보아요.

truth
명 진실

너는 그 진실을 말해야 한다.
You have to tell the truth.

lie
명 거짓말

거짓말을 하지 마라.
Don't tell lies.

information
명 정보

너는 정보를 좀 갖고 있니?
Do you have some information?

advice
명 조언

그들은 그의 조언을 듣지 않았다.
They didn't listen to his advice.

fact
명 사실

나는 그 모든 사실들을 알지는 못한다.
I don't know all the facts.

✓ **Check!**   <보기>의 우리말 뜻에 알맞은 영어 표현을 연결하세요.

	보기
tell lies ●	그 진실을 말하다
tell the truth ●	거짓말을 하다
have infomation ●	정보를 갖고 있다
know all the facts ●	그의 조언을 듣다
listen to his advice ●	그 모든 사실들을 알다

Exercises UNIT 63~64

A 다음 영어를 우리말로, 우리말은 영어로 빈칸에 쓰세요.

1 soil   _____

2 volcano   _____

3 plain   _____

4 lie   _____

5 advice   _____

6 숲   _____

7 사막   _____

8 진실   _____

9 정보   _____

10 사실   _____

B 다음 빈칸에 들어갈 알맞은 말을 주어진 우리말에 맞게 쓰세요.

1 The _____ is very dry.

그 토양은 매우 건조하다.

2 There is _____ a pine _____

소나무 숲이 있다.

3 They were lost in the _____

그들은 사막에서 길을 잃었다.

4 You can see the _____

너는 그 평원을 볼 수 있다.

5 You have to tell the _____

너는 그 진실을 말해야 한다.

6 Don't tell _____ s.

거짓말을 하지 마라.

7 Do you have some _____

너는 정보를 좀 갖고 있니?

8 I don't know all the _____ s.

나는 그 모든 사실들을 알지 못한다.

135

Verbs 9 동사

의심이나 묘사, 설명을 할 때 사용하는 동사를 배운 후
누군가가 무엇을 했는지 말해 보아요.

suspect
동 의심하다

그 경찰들은 그를 의심한다.   **Tip** "The police"는 항상 복수로 취급해요.

The police suspect him.

describe
동 묘사하다

그는 그것을 자세히 묘사했다.

He described it in detail.

wonder
동 궁금하다

나는 그가 어디에 있는지 궁금하다.

I wonder where he is.

explain
동 설명하다

그녀는 그 모든 규칙들을 설명했다.

She explained all the rules.

reflect
동 나타내다

그것은 그 변화를 나타냈다.

It reflected the change.

 **Check!**   <보기>의 우리말 뜻에 알맞은 영어 표현을 연결하세요.

보기

그를 의심하다 · · wonder where he is

그것을 자세히 묘사하다 · · suspect him

그가 어디에 있는지 궁금하다 · · reflect the change

그 모든 규칙들을 설명하다 · · describe it in detail

그 변화를 나타내다 · · explain all the rules

Nouns 3 명사

행동이나 의도, 세부 사항을 나타내는 명사를 배운 후
그것을 활용하여 말해 보아요.

behavior
몡 행동

그의 행동은 대개 좋다.

His behavior is usually good.

detail
몡 세부 사항

우리는 그 모든 세부 사항들을 모른다.

We don't know the full details.

manners
몡 예절

그는 식사 예절을 배운다.

Tip '예절'의 의미를 나타낼 때는 manner에 -s를 붙여 써요.

He learns table manners.

memory
몡 기억

나는 그것에 대한 좋은 기억이 있다.

I have a good memory about it.

intention
몡 의도, 목적

우리는 같은 의도를 갖고 있다.

We hold the same intention.

 **Check!** <보기>의 우리말 뜻에 알맞은 영단어를 연결하세요.

detail ●

behavior ●

intention ●

memory ●

manners ●

보기
행동

세부 사항

예절

기억

의도, 목적

Exercises UNIT 65~66

A 다음 영어를 우리말로, 우리말은 영어로 빈칸에 쓰세요.

1 suspect _____

2 wonder _____

3 reflect _____

4 detail _____

5 memory _____

6 묘사하다 _____

7 설명하다 _____

8 행동 _____

9 예절 _____

10 의도, 목적 _____

B 다음 빈칸에 들어갈 알맞은 말을 주어진 우리말에 맞게 쓰세요.

1 The police _____ him.

그 경찰들은 그를 의심한다.

2 He _____ it in detail.

그는 그것을 자세히 묘사했다.

3 She _____ all the rules.

그녀는 그 모든 규칙들을 설명했다.

4 It _____ the change.

그것은 그 변화를 나타냈다.

5 His _____ is usually good.

그의 행동은 대개 좋다.

6 We don't know the full _____s.

우리는 그 모든 세부 사항들을 모른다.

7 He learns table _____

그는 식사 예절을 배운다.

8 We hold the same _____

우리는 같은 의도를 갖고 있다.

Voca **Review** Test 1

✏️ 다음 영어를 우리말로, 우리말은 영어로 빈칸에 쓰세요.

영어	우리말		영어	우리말
1 face	얼굴; 직면하다	16	lie	거짓말
2	자라다, (식물을) 기르다	17	information	
3 raise	,	18		조언
4 handle	;	19	fact	
5 way		20		의심하다
6	해답	21	describe	
7 difference		22	wonder	
8	잘못	23		설명하다
9	치료(법)	24		나타내다
10 soil		25		행동
11	숲	26	detail	
12 volcano		27	manners	
13 desert		28	memory	
14	평원, 평지	29		의도, 목적
15 truth				

Voca **Review** Test **2**

✏️ 우리말 뜻을 참고하여 문장을 완성하세요.

1   얼굴   She has a round <u>face</u>. 그녀는 얼굴이 둥글다.

2   직면하다   She _____ a big problem. 그녀는 큰 문제에 직면했다.

3   자라다   Children _____ so quickly. 아이들은 정말 빨리 자란다.

4   (식물을) 기르다   Are you _____ roses? 너는 장미들을 기르고 있니?

5   방법, 길   You'll find your own _____. 너는 너만의 방법을 찾을 거야.

6   차이   We found the _____. 우리는 그 차이를 발견했다.

7   숲   There is a pine _____. 소나무 숲이 있다.

8   평원, 평지   You can see the _____. 너는 그 평원을 볼 수 있다.

9   진실   You have to tell the _____. 너는 그 진실을 말해야 한다.

10 거짓말   Don't tell _____. 거짓말을 하지 마라.

11 정보   Do you have some _____? 너는 정보를 좀 갖고 있니?

12 조언   They didn't listen to his _____. 그들은 그의 조언을 듣지 않았다.

13 의심하다   The police _____ him. 그 경찰들은 그를 의심한다.

14 묘사하다   He _____ it in detail. 그는 그것을 자세히 묘사했다.

15 행동   His _____ is usually good. 그의 행동은 대개 좋다.

16 예절   He learns table _____. 그는 식사 예절을 배운다.

혼공 초등 영단어
Basic 02

Workbook

영단어	우리말	철자
history		histor☐
art		☐rt
geography		geogr☐phy
biology		biolo☐y
chemistry		c☐emistry

영단어	우리말	철자
think		t☐ink
count		co☐nt
find		fin☐
observe		obser☐e
experiment		e☐periment

영단어	우리말	철자
elementary school		elementar☐ sc☐ool
middle school		mi☐dle sch☐ol
high school		hi☐h s☐hool
college		colle☐e
university		☐niversity

영단어	우리말	철자
gym		g☐m
cafeteria		ca☐eteria
classroom		cl☐ssroom
playground		play☐round
art room		a☐t roo☐

UNIT 05

영단어	우리말	철자
exam		e⬚am
test		te⬚t
score		s⬚ore
result		r⬚sult
prize		pri⬚e

UNIT 06

영단어	우리말	철자
review		revi⬚w
repeat		repe⬚t
practice		pra⬚tice
check		chec⬚
examine		ex⬚mine

UNIT 07

영단어	우리말	철자
add		ad⬚
heat		h⬚at
chop		c⬚op
stir		st⬚r
mix		mi⬚

UNIT 08

영단어	우리말	철자
sauce		s⬚uce
pepper		pepp⬚r
garlic		garli⬚
salt		⬚alt
sugar		s⬚gar

UNIT 09

영단어	우리말	철자
onion		oni◻n
cucumber		cuc◻mber
cabbage		cabba◻e
pumpkin		pum◻kin
carrot		carr◻t

UNIT 10

영단어	우리말	철자
recipe		re◻ipe
ingredient		ingre◻ient
beverage		beverag◻
grain		◻rain
method		me◻hod

UNIT 11

영단어	우리말	철자
faucet		f◻ucet
bowl		bo◻l
kettle		◻ettle
pot		po◻
refrigerator		re◻rigerator

UNIT 12

영어 표현	우리말
_____ food	음식을 준비하다
set the table	
_____ the plates	접시를 가져오다
grill meat	
wipe the _____	바닥을 닦다

144

UNIT 13

영단어	우리말	철자
move		mo⬜e
shake		shak⬜
bend		be⬜d
stretch		st⬜etch
lift		lif⬜

UNIT 14

영단어	우리말	철자
brain		bra⬜n
lungs		l⬜ngs
liver		live⬜
stomach		stomac⬜
heart		hea⬜t

UNIT 15

영단어	우리말	철자
hit		hi⬜
throw		thr⬜w
catch		ca⬜ch
kick		ki⬜k
bounce		⬜ounce

UNIT 16

영단어	우리말	철자
leave		leav⬜
arrive		ar⬜ive
reach		reac⬜
go away		⬜o aw⬜y
make it		m⬜ke i⬜

145

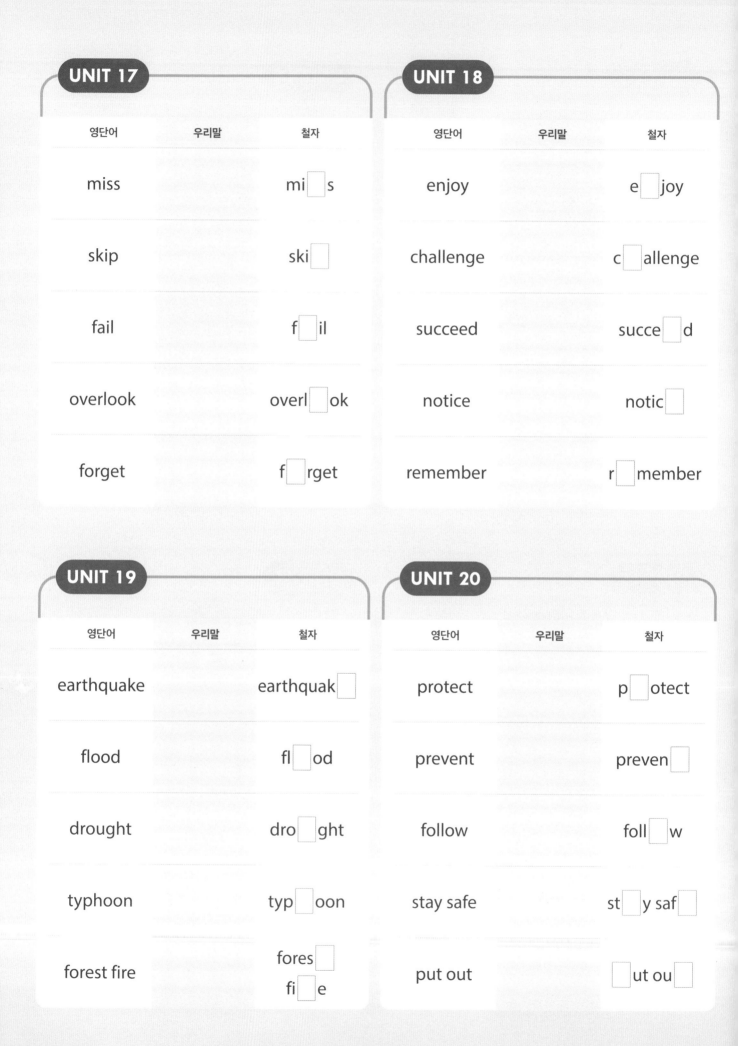

UNIT 17

영단어	우리말	철자
miss		mi◻s
skip		ski◻
fail		f◻il
overlook		overl◻ok
forget		f◻rget

UNIT 18

영단어	우리말	철자
enjoy		e◻joy
challenge		c◻allenge
succeed		succe◻d
notice		notic◻
remember		r◻member

UNIT 19

영단어	우리말	철자
earthquake		earthquak◻
flood		fl◻od
drought		dro◻ght
typhoon		typ◻oon
forest fire		fores◻ fi◻e

UNIT 20

영단어	우리말	철자
protect		p◻otect
prevent		preven◻
follow		foll◻w
stay safe		st◻y saf◻
put out		◻ut ou◻

UNIT 21

영어 표현	우리말
look at	
look _____	~을 찾아보다
look _____	~를 돌보다
look into	
look _____	~을 둘러보다

UNIT 22

영어 표현	우리말
take _____	이륙하다
take away	
take _____	~을 적다
take out	
take _____	(말을) 취소하다

UNIT 23

영단어	우리말	철자
best		be[ ]t
close		clos[ ]
special		s[ ]ecial
favorite		fav[ ]rite
true		tru[ ]

UNIT 24

영단어	우리말	철자
support		suppor[ ]
trust		tru[ ]t
share with		shar[ ] [ ]ith
fight with		fig[ ]t wit[ ]
hang out with		han[ ] o[ ]t wi[ ]h

UNIT 25

영어 표현	우리말
make a noise	
make a _____	계획하다
make a _____	실수하다
make a mess	
make a _____	친구를 사귀다

UNIT 26

영어 표현	우리말
take a _____	사진을 찍다
take a break	
take a _____	샤워를 하다
take a walk	
take a _____	살펴보다

UNIT 27

영단어	우리말	철자
surprised		s⬜rprised
confused		conf⬜sed
delighted		delight⬜d
curious		curiou⬜
satisfied		sa⬜isfied

UNIT 28

영단어	우리말	철자
upset		ups⬜t
lonely		lonel⬜
nervous		ner⬜ous
scared		scar⬜d
worried		wo⬜ried

UNIT 29

영단어	우리말	철자
laugh		lau□h
smile		smi□e
cry		□ry
complain		compla□n
hate		h□te

UNIT 30

영단어	우리말	철자
want		wa□t
dislike		disli□e
prefer		pr□fer
regret		reg□et
appreciate		ap□reciate

UNIT 31

영단어	우리말	철자
glasses		□lasses
shoes		shoe□
socks		so□ks
gloves		gl□ves
earrings		earri□gs

UNIT 32

영어 표현	우리말
dress up	
cut _____	~을 오려내다
pick up	
_____ up	포기하다
go _____	돌아가다

UNIT 33

영단어	우리말	철자
same		s◻me
different		differe◻t
right		ri◻ht
wrong		wron◻
positive		p◻sitive
negative		neg◻tive
sharp		sha◻p
dull		dul◻

UNIT 34

영단어	우리말	철자
doubt		dou◻t
solve		s◻lve
prepare		pr◻pare
answer		an◻wer
write		writ◻

UNIT 35

영단어	우리말	철자
wide		wid◻
narrow		nar◻ow
thick		thi◻k
thin		t◻in
solid		soli◻
liquid		li◻uid
wet		◻et
dry		dr◻

UNIT 36

영단어	우리말	철자
sink		si◻k
float		flo◻t
dead		d◻ad
alive		aliv◻
loose		lo◻se
tight		ti◻ht
slippery		slippe◻y
sticky		sti◻ky

UNIT 37

영단어	우리말	철자
friendly		frien◻ly
lovely		lov◻ly
social		socia◻
brave		br◻ve
polite		polit◻
calm		ca◻m
shy		s◻y
clever		clev◻r

UNIT 38

영단어	우리말	철자
meet		m◻et
greet		◻reet
bow		bo◻
introduce		introdu◻e
shake hands		s◻ake han◻s

UNIT 39

영단어	우리말	철자
important		i◻portant
leading		leadin◻
key		ke◻
tough		tou◻h
certain		◻ertain
sure		su◻e
clear		cl◻ar
doubtful		doubtfu◻

UNIT 40

영단어	우리말	철자
aisle		ai◻le
ceiling		ce◻ling
dessert		de◻sert
island		i◻land
language		langua◻e
knowledge		◻nowledge
medicine		medi◻ine
neighbor		neig◻bor

UNIT 41

영단어	우리말	철자
name		nam☐
age		a☐e
address		addres☐
account number		a☐count num☐er
phone number		phon☐ numb☐r

UNIT 42

영단어	우리말	철자
inventor		in☐entor
reporter		reporte☐
judge		ju☐ge
detective		detectiv☐
architect		ar☐hitect
lifeguard		lifeg☐ard
professor		profess☐r
lawyer		lawy☐r

UNIT 43

영단어	우리말	철자
roof		☐oof
stair		stai☐
brick		bri☐k
garage		gara☐e
wall		☐all
attic		atti☐
basement		basem☐nt
path		pa☐h

UNIT 44

영단어	우리말	철자
microwave		micro☐ave
blender		ble☐der
washing machine		wa☐hing ma☐hine
dishwasher		dishwash☐r
air conditioner		ai☐ c☐nditioner
vacuum cleaner		vac☐um cle☐ner
iron		iro☐
electric fan		electr☐c fa☐

UNIT 45

영어 표현	우리말
_____ the plants	식물에 물을 주다
sweep the floor	
vacuum the floor	
make the _____	잠자리를 정돈하다
do the laundry	
take out the _____	쓰레기를 버리다

UNIT 46

영단어	우리말	철자
delete		d□lete
type		t□pe
search		s□arch
go online		□o onl□ne
plug in		pl□g i□
save		sav□
print out		pri□t ou□

UNIT 47

영단어	우리말	철자
damage		dam□ge
injury		in□ury
pain		pai□
harm		ha□m
scar		□car

UNIT 48

영단어	우리말	철자
cause		caus□
avoid		avo□d
escape from		esc□pe fro□
suffer from		suff□r fro□
result from		res□lt fr□m

153

UNIT 49

영단어	우리말	철자
invent		in◻ent
prove		pro◻e
conduct		cond◻ct
experiment		e◻periment
research		rese◻rch

UNIT 50

영단어	우리말	철자
honestly		◻onestly
warmly		◻armly
easily		e◻sily
patiently		patient◻y
stupidly		st◻pidly
angrily		an◻rily
justly		◻ustly
fully		fu◻ly

UNIT 51

영단어	우리말	철자
abroad		abro◻d
indoors		indoor◻
outdoors		ou◻doors
upstairs		ups◻airs
downstairs		do◻nstairs
above		abo◻e
below		belo◻
backward		◻ackward

UNIT 52

영단어	우리말	철자
borrow		bo◻row
lend		len◻
recommend		recomm◻nd
volunteer		vol◻nteer
ask a favor of		a◻k a fa◻or o◻

UNIT 53

영단어	우리말	철자
understand		☐nderstand
express		e☐press
guess		gues☐
recall		recal☐
create		cr☐ate

UNIT 54

영어 표현	우리말
_____ at	~에 도착하다
smile at	
thank for	
_____ for	~에 대해 사과하다
belong to	
talk with	
_____ with	~에 동의하다
help with	

UNIT 55

영단어	우리말	철자
accept		accep☐
disagree		disa☐ree
realize		re☐lize
misunderstand		misunderstan☐
receive		☐eceive

UNIT 56

영단어	우리말	철자
pay		pa☐
cost		cos☐
spend		s☐end
waste		w☐ste
save		sa☐e

영단어	우리말	철자
daily		da☐ly
weekly		w☐ekly
annually		a☐nually
yearly		yearl☐
eventually		e☐entually

영어 표현	우리말
_____ time	제시간에
in no time	
on sale	
for _____	판매 중인
in _____	위기에 처한

영어 표현	우리말
_____ first	처음에는
at last	
for the _____ time	처음으로
for a long time	
at the _____ time	동시에

영단어	우리말	철자
consider		consid☐r
expect		expec☐
suppose		s☐ppose
imagine		imag☐ne
believe		bel☐eve

UNIT 61

영단어		우리말	철자
face	명		fac☐
face	동		☐ace
grow		,	gro☐
raise		,	rai☐e
handle	명		☐andle
handle	동		ha☐dle

UNIT 62

영단어	우리말	철자
way		wa☐
answer		ans☐er
difference		di☐ference
fault		fa☐lt
cure		cur☐

UNIT 63

영단어	우리말	철자
soil		s☐il
forest		fore☐t
volcano		vol☐ano
desert		de☐ert
plain		plai☐

UNIT 64

영단어	우리말	철자
truth		t☐uth
lie		li☐
information		☐nformation
advice		advi☐e
fact		f☐ct

UNIT 65

영단어	우리말	철자
suspect		s☐spect
describe		descri☐e
wonder		☐onder
explain		e☐plain
reflect		refl☐ct

UNIT 66

영단어	우리말	철자
behavior		behavio☐
detail		deta☐l
manners		man☐ers
memory		memor☐
intention		inten☐ion

혼공 초등 영단어
Basic 02

정답

UNIT 01 · School 1 .... p.10

history: I learn history.
art: I learn art.
geography: I learn geography.
biology: I learn biology.
chemistry: I learn chemistry.

☑ **Check!**

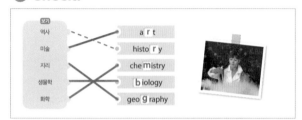

UNIT 02 · School 2 .... p.11

☑ **Check!**

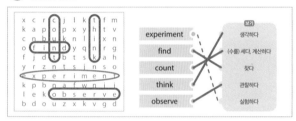

Exercises p.12

Ⓐ

① 역사　　　　　　② 지리
③ 화학　　　　　　④ (수를) 세다, 계산하다
⑤ 관찰하다　　　　⑥ art
⑦ biology　　　　　⑧ think
⑨ find　　　　　　⑩ experiment

Ⓑ

① I learn history.　　② I learn art.
③ I learn biology.　　④ I learn chemistry.
⑤ I learn geography.

UNIT 03 · School 3 .... p.13

elementary school: I teach at an elementary school.
middle school: I teach at a middle school.

high school: I teach at a high school.
college: I teach at a college.
university: I teach at a university.

☑ **Check!**

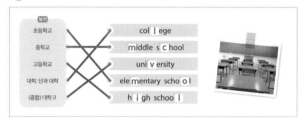

UNIT 04 · School 4 .... p.14

gym: I was in the gym.
cafeteria: I was in the cafeteria.
classroom: I was in the classroom.
playground: I was in the playground.
art room: I was in the art room.

☑ **Check!**

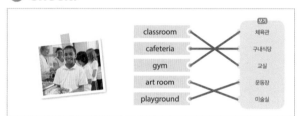

Exercises p.15

Ⓐ

① 초등학교　　　② 고등학교　　　③ (종합) 대학교
④ 구내식당　　　⑤ 운동장　　　　⑥ middle school
⑦ college　　　　⑧ gym　　　　　⑨ classroom
⑩ art room

Ⓑ

① I teach at a high school.
② I teach at a college.
③ I teach at an elementary school.
④ I teach at a middle school.
⑤ I was in the gym.
⑥ I was in the art room.
⑦ I was in the classroom.
⑧ I was in the playground.

School 5 ⸺⸺⸺⸺⸺ p.16

exam: I took an exam.

test: I took a test.

score: I got a high score.

result: I got good results.

prize: I won a prize.

✅Check!

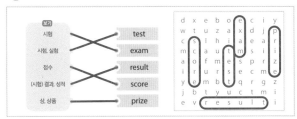

School 6 ⸺⸺⸺⸺⸺ p.17

✅Check!

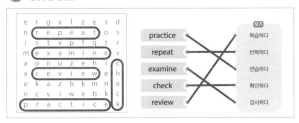

Exercises ⸺⸺⸺⸺⸺ p.18

Ⓐ

① 시험　　　② 점수　　　③ (시험) 결과, 성적

④ 반복하다　⑤ 확인하다　⑥ test

⑦ prize　　　⑧ review　　⑨ practice

⑩ examine

Ⓑ

① I took an exam.　　② I took a test.

③ I got a high score.　④ I got good results.

⑤ I won a prize.

Voca **Review** Test **1** ⸺⸺⸺⸺ p.19

① 역사　　　　② art

③ 지리　　　　④ 생물학

⑤ 화학　　　　⑥ 생각하다

⑦ count　　　⑧ find

⑨ observe　　　　　⑩ 실험하다

⑪ 초등학교　　　　⑫ 중학교

⑬ high school　　　⑭ 대학, 단과 대학

⑮ university　　　　⑯ gym

⑰ 구내식당　　　　⑱ 교실

⑲ playground　　　⑳ art room

㉑ exam　　　　　　㉒ 시험, 실험

㉓ 점수　　　　　　㉔ result

㉕ 상, 상품　　　　　㉖ review

㉗ repeat　　　　　㉘ 연습하다

㉙ 확인하다　　　　㉚ 검사하다

Voca **Review** Test **2** ⸺⸺⸺⸺ p.20

① I learn history.

② I learn art.

③ I teach at an elementary school.

④ I teach at a high school.

⑤ I was in the gym.

⑥ I was in the classroom.

⑦ I took a test. (또는 I took an exam.)

⑧ I got a high score.

⑨ I learn biology.

⑩ I learn chemistry.

⑪ I teach at a middle school.

⑫ I teach at a university.

⑬ I was in the playground.

⑭ I was in the art room.

⑮ I won a prize.

⑯ I got good results.

Cooking 1 ⸺⸺⸺⸺⸺ p.22

add: Add the vegetables.

heat: Heat the vegetables.

chop: Chop the vegetables.

stir: Stir the vegetables.

mix: Mix the vegetables.

✅Check!

UNIT 08　Cooking 2 ⋯⋯⋯⋯⋯⋯⋯⋯ p.23

sauce: Add some sauce.

pepper: Add some pepper.

garlic: Add some garlic.

salt: Add some salt.

sugar: Add some sugar.

✔Check!

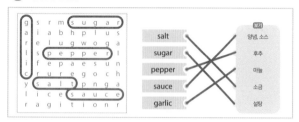

Exercises ⋯⋯⋯⋯⋯⋯⋯⋯⋯⋯⋯⋯ p.24

A

① 첨가하다, 추가하다　② 썰다

③ 섞다　　　　　　　　④ 후추

⑤ 소금　　　　　　　　⑥ heat

⑦ stir　　　　　　　　⑧ sauce

⑨ garlic　　　　　　　⑩ sugar

B

① Add the vegetables.　② Chop the vegetables.

③ Mix the vegetables.　④ Heat the vegetables.

⑤ Add some sauce.　　⑥ Add some garlic.

⑦ Add some salt.　　　⑧ Add some pepper.

UNIT 09　Cooking 3 ⋯⋯⋯⋯⋯⋯⋯ p.25

onion: Choose one from these onions.

cucumber: Choose one from these cucumbers.

cabbage: Choose one from these cabbages.

pumpkin: Choose one from these pumpkins.

carrot: Choose one from these carrots.

✔Check!

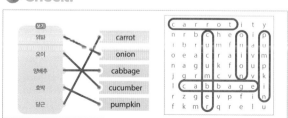

UNIT 10　Cooking 4 ⋯⋯⋯⋯⋯⋯⋯ p.26

recipe: Let's find out the recipe.

ingredient: Let's find out the ingredient.

beverage: Let's find out the beverage.

grain: Let's find out the grain.

method: Let's find out the method.

✔Check!

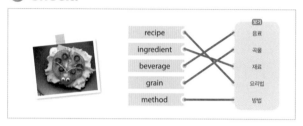

Exercises ⋯⋯⋯⋯⋯⋯⋯⋯⋯⋯⋯⋯ p.27

A

① 오이　　　　　　　② 양배추

③ 당근　　　　　　　④ 재료

⑤ 곡물　　　　　　　⑥ onion

⑦ pumpkin　　　　　⑧ recipe

⑨ beverage　　　　　⑩ method

B

① Choose one from these cucumbers.

② Choose one from these onions.

③ Choose one from these carrots.

④ Choose one from these cabbages.

⑤ Let's find out the recipe.

⑥ Let's find out the beverage.

⑦ Let's find out the grain.

⑧ Let's find out the method.

UNIT 11　Kitchen 1 ⋯⋯⋯⋯⋯⋯⋯ p.28

faucet: There is a faucet.

bowl: There is a bowl.

kettle: There is a kettle.

pot: There is a pot.

refrigerator: There is a refrigerator.

✅Check!

refrigerator   pot   faucet   kettle

보기
faucet
bowl
kettle
pot
refrigerator

UNIT 12 **Kitchen 2** p.29

prepare food: I prepare food every day.
set the table: I set the table every day.
get the plates: I get the plates every day.
grill meat: I grill meat every day.
wipe the floor: I wipe the floor every day.

✅Check!

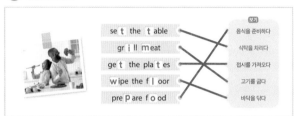

se t the t able
gr i ll m eat
ge t the pla t es
w ipe the f l oor
pre p are f o od

보기
음식을 준비하다
식탁을 차리다
접시를 가져오다
고기를 굽다
바닥을 닦다

Exercises p.30

A

① 수도꼭지   ② 주전자
③ 냉장고   ④ 식탁을 차리다
⑤ 고기를 굽다   ⑥ bowl
⑦ pot   ⑧ prepare food
⑨ get the plates   ⑩ wipe the floor

B

① There is a faucet.
② There is a bowl.
③ There is a pot.
④ There is a refrigerator.
⑤ I prepare food every day.
⑥ I grill meat every day.
⑦ I set the table every day.
⑧ I wipe the floor every day.

Voca **Review** Test **1** p.31

① 첨가하다, 추가하다   ② heat
③ 썰다   ④ 젓다
⑤ 섞다   ⑥ 양념, 소스
⑦ pepper   ⑧ garlic
⑨ salt   ⑩ 설탕
⑪ 양파   ⑫ cucumber
⑬ 양배추   ⑭ 호박
⑮ carrot   ⑯ recipe
⑰ 재료   ⑱ 음료
⑲ grain   ⑳ method
㉑ faucet   ㉒ (우묵한) 그릇
㉓ 주전자   ㉔ 냄비
㉕ refrigerator   ㉖ prepare food
㉗ set the table   ㉘ 접시를 가져오다
㉙ 고기를 굽다   ㉚ 바닥을 닦다

Voca **Review** Test **2** p.32

① Add the vegetables.
② Heat the vegetables.
③ Add some sauce.
④ Add some pepper.
⑤ Choose one from these onions.
⑥ Choose one from these cabbages.
⑦ Let's find out the recipe.
⑧ Let's find out the beverage.
⑨ There is a faucet.
⑩ There is a bowl.
⑪ I prepare food every day.
⑫ I set the table every day.
⑬ Let's find out the grain.
⑭ Let's find out the method.
⑮ Chop the vegetables.
⑯ Mix the vegetables.

UNIT 13 **Action** p.34

move: Move your arm.
shake: Shake your arm.
bend: Bend your arm.
stretch: Stretch your arm.
lift: Lift your arm.

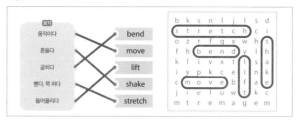

UNIT 14 Body p.35

brain: The brain is a body part.

lungs: The lungs are body parts.

liver: The liver is a body part.

stomach: The stomach is a body part.

heart: The heart is a body part.

✓Check!

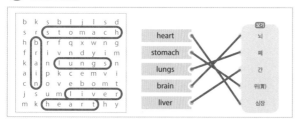

Exercises p.36

A

① 움직이다   ② 뻗다, 쭉 펴다   ③ 들어올리다

④ 폐   ⑤ 간   ⑥ shake

⑦ bend   ⑧ brain   ⑨ heart

⑩ stomach

B

① Move your arm.

② Bend your arm.

③ Lift your arm.

④ Shake your arm.

⑤ The liver is a body part.

⑥ The brain is a body part.

⑦ The stomach is a body part.

⑧ The heart is a body part.

UNIT 15 Ball Game p.37

hit: How do you hit a ball?

throw: How do you throw a ball?

catch: How do you catch a ball?

kick: How do you kick a ball?

bounce: How do you bounce a ball?

✓Check!

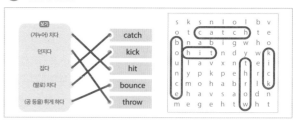

UNIT 16 Verbs 1 p.38

leave: When did he leave?

arrive: When did he arrive?

reach: When did he reach there?

go away: When did he go away?

make it: When did he make it?

✓Check!

Exercises p.39

A

① (겨누어) 치다   ② (발로) 차다

③ 던지다   ④ 도착하다

⑤ 도착하다   ⑥ bounce

⑦ catch   ⑧ leave

⑨ reach   ⑩ go away

B

① How do you kick a ball?

② How do you catch a ball?

③ How do you throw a ball?

④ How do you hit a ball?

⑤ When did he arrive?

⑥ When did he leave?

⑦ When did he reach there?

⑧ When did he go away?

UNIT 17 · Verbs 2 ········· p.40

✔Check!

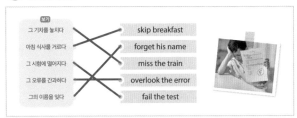

보기	
그 기차를 놓치다	skip breakfast
아침 식사를 거르다	forget his name
그 시험에 떨어지다	miss the train
그 오류를 간과하다	overlook the error
그의 이름을 잊다	fail the test

UNIT 18 · Verbs 3 ········· p.41

enjoy: Did you enjoy the show?

challenge: Did you challenge the record?

succeed: Did you succeed in the test?

notice: Did you notice the error?

remember: Did you remember him?

✔Check!

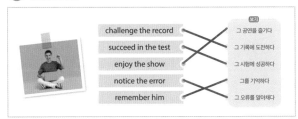

	보기
challenge the record	그 공연을 즐기다
succeed in the test	그 기록에 도전하다
enjoy the show	그 시험에 성공하다
notice the error	그를 기억하다
remember him	그 오류를 알아채다

Exercises ········· p.42

A

① (일을) 거르다, 건너뛰다 ② (시험에) 떨어지다

③ 간과하다, 못 보고 넘어가다 ④ 도전하다

⑤ 알아채다, 의식하다 ⑥ miss

⑦ forget ⑧ enjoy

⑨ succeed ⑩ remember

B

① She missed the train.

② She skipped breakfast.

③ She overlooked the error.

④ She forgot his name.

⑤ Did you enjoy the show?

⑥ Did you notice the error?

⑦ Did you challenge the record?

⑧ Did you remember him?

Voca **Review** Test **1** ········· p.43

① 움직이다 ② shake

③ 굽히다 ④ 뻗다, 쭉 펴다

⑤ 들어올리다 ⑥ 뇌

⑦ lungs ⑧ liver

⑨ stomach ⑩ heart

⑪ (겨누어) 차다 ⑫ throw

⑬ 잡다 ⑭ (발로) 차다

⑮ bounce ⑯ leave

⑰ 도착하다 ⑱ 도착하다

⑲ go away ⑳ make it

㉑ miss ㉒ (일을) 거르다, 건너뛰다

㉓ (시험에) 떨어지다 ㉔ 간과하다, 못 보고 넘어가다

㉕ forget ㉖ enjoy

㉗ challenge ㉘ 성공하다

㉙ 알아채다, 의식하다 ㉚ 기억하다

Voca **Review** Test **2** ········· p.44

① Move your arm.

② Bend your arm.

③ The brain is a body part.

④ The lungs are body parts.

⑤ How do you hit a ball?

⑥ How do you catch a ball?

⑦ When did he leave?

⑧ When did he go away?

⑨ She missed the train.

⑩ She skipped breakfast.

⑪ Did you enjoy the show?

⑫ Did you succeed in the test?

⑬ The liver is a body part.

⑭ The heart is a body part.

⑮ How do you kick a ball?

⑯ How do you bounce a ball?

UNIT 19 · Disasters 1 ········· p.46

earthquake: An earthquake is a natural disaster.

flood: A flood is a natural disaster.

drought: A drought is a natural disaster.

typhoon: A typhoon is a natural disaster.

forest fire: A forest fire is a natural disaster.

look for: I looked for my key.

look after: I looked after my sister.

look into: I looked into it.

look around: I looked around the place.

✔Check!

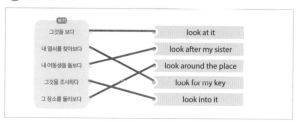

UNIT 20 Disasters 2 .... p.47

protect: You have to protect yourself.

prevent: You have to prevent forest fires.

follow: You have to follow directions.

stay safe: You have to stay safe.

put out: You have to put out fire.

✔Check!

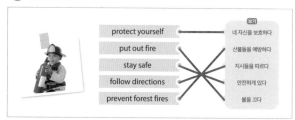

UNIT 22 Verbs 5 .... p.50

✔Check!

Exercises p.48

A

① 지진   ② 태풍   ③ 산불

④ 막다, 예방하다 ⑤ 안전하게 있다 ⑥ flood

⑦ drought   ⑧ protect   ⑨ follow

⑩ put out

B

① A flood is a natural disaster.

② An earthquake is a natural disaster.

③ A drought is a natural disaster.

④ A typhoon is a natural disaster.

⑤ You have to protect yourself.

⑥ You have to prevent forest fires.

⑦ You have to put out fire.

⑧ You have to follow directions.

Exercises p.51

A

① ~을 보다   ② ~을 돌보다   ③ ~을 둘러보다

④ 제거하다   ⑤ 꺼내다   ⑥ look for

⑦ look into   ⑧ take off   ⑨ take down

⑩ take back

B

① I looked at it.

② I looked into it.

③ I looked around the place.

④ I looked after my sister.

⑤ I looked for my key.

UNIT 21 Verbs 4 .... p.49

look at: I looked at it.

UNIT 23 Friends 1 .... p.52

best: He is my best friend.

close: He is my close friend.

special: He is my special friend.

favorite: He is my favorite friend.

true: He is my true friend.

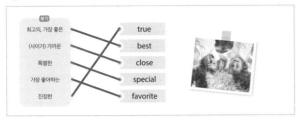

support: They support each other.

trust: They trust each other.

share with: They share with each other.

fight with: They fight with each other.

hang out with: They hang out with each other.

✅Check!

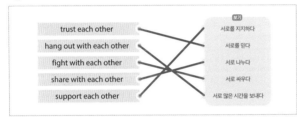

Exercises p.54

Ⓐ

① 최고의, 가장 좋은　　② 특별한

③ 가장 좋아하는　　　④ ~와 싸우다

⑤ ~와 많은 시간을 보내다　⑥ close

⑦ true　　　　　　　⑧ support

⑨ trust　　　　　　　⑩ share with

Ⓑ

① He is my best friend.

② He is my true friend.

③ He is my special friend.

④ He is my close friend.

⑤ They trust each other.

⑥ They fight with each other.

⑦ They support each other.

⑧ They share with each other.

① 지진　　　　　　② flood

③ 가뭄　　　　　　④ 태풍

⑤ 산불　　　　　　⑥ 보호하다

⑦ prevent　　　　　⑧ follow

⑨ stay safe　　　　⑩ (불을) 끄다, 진화하다

⑪ ~을 보다　　　　⑫ look for

⑬ ~을 돌보다　　　⑭ ~을 조사하다

⑮ look around　　　⑯ take off

⑰ 제거하다　　　　⑱ ~을 적다

⑲ take out　　　　⑳ take back

㉑ best　　　　　　㉒ (사이가) 가까운

㉓ 특별한　　　　　㉔ 가장 좋아하는

㉕ true　　　　　　㉖ support

㉗ trust　　　　　　㉘ ~와 나누다

㉙ ~와 싸우다　　　㉚ ~와 많은 시간을 보내다

① An earthquake is a natural disaster.

② A drought is a natural disaster.

③ You have to protect yourself.

④ You have to put out fire.

⑤ I looked at it.

⑥ I looked after my sister.

⑦ He is my best friend.

⑧ He is my close friend.

⑨ They support each other.

⑩ They trust each other.

⑪ A typhoon is a natural disaster.

⑫ A forest fire is a natural disaster.

⑬ He is my special friend.

⑭ He is my true friend.

⑮ They share with each other.

⑯ They fight with each other.

✅Check!

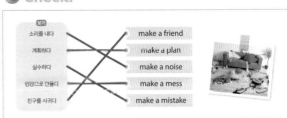

167

Verbs 7 ⋯⋯⋯⋯⋯⋯ p.59

✅ Check!

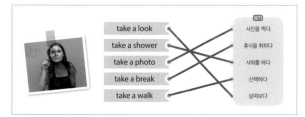

Exercises ⋯⋯⋯⋯⋯⋯ p.60

A

① 소리를 내다 　　　② 계획하다

③ 친구를 사귀다 　　④ 휴식을 취하다

⑤ 산책하다 　　　　⑥ make a mistake

⑦ make a mess 　　⑧ take a photo

⑨ take a shower 　　⑩ take a look

B

① Don't make a noise. 　② Don't make a mistake.

③ Don't make a mess. 　④ Don't make a plan.

⑤ Let's take a photo. 　⑥ Let's take a break.

⑦ Let's take a walk. 　⑧ Let's take a look.

UNIT 27　**Feelings 1** ⋯⋯⋯⋯⋯⋯ p.61

surprised: I'm very surprised.

confused: I'm very confused.

delighted: I'm very delighted.

curious: I'm very curious.

satisfied: I'm very satisfied.

✅ Check!

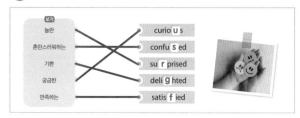

UNIT 28　**Feelings 2** ⋯⋯⋯⋯⋯⋯ p.62

upset: He felt upset.

lonely: He felt lonely.

---

nervous: He felt nervous.

scared: He felt scared.

worried: He felt worried.

✅ Check!

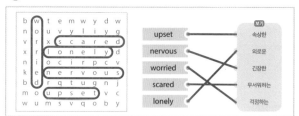

Exercises ⋯⋯⋯⋯⋯⋯ p.63

A

① 놀란 　　　　② 궁금한 　　　③ 혼란스러워하는

④ 무서워하는 　⑤ 긴장한 　　　⑥ satisfied

⑦ delighted 　　⑧ upset 　　　　⑨ worried

⑩ lonely

B

① I'm very surprised. 　② I'm very satisfied.

③ I'm very delighted. 　④ I'm very confused.

⑤ He felt upset. 　　　⑥ He felt nervous.

⑦ He felt lonely. 　　　⑧ He felt scared.

UNIT 29　**Feelings 3** ⋯⋯⋯⋯⋯⋯ p.64

✅ Check!

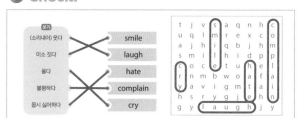

UNIT 30　**Feelings 4** ⋯⋯⋯⋯⋯⋯ p.65

✅ Check!

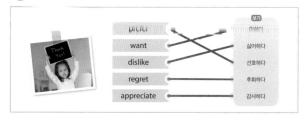

168

Exercises

p.66

A

① (소리내어) 웃다　② 울다　③ 불평하다

④ 싫어하다　⑤ 감사하다　⑥ smile

⑦ hate　⑧ want　⑨ prefer

⑩ regret

B

① She laughed loudly.

② She smiled brightly.

③ She complained about him.

④ She hated bugs.

⑤ I dislike fish.

⑥ I prefer chicken.

⑦ I appreciate your help.

⑧ I regret my words.

Voca Review Test 1
p.67

① 소리를 내다　② make a plan

③ 실수하다　④ 엉망으로 만들다

⑤ 친구를 사귀다　⑥ 사진을 찍다

⑦ take a break　⑧ take a shower

⑨ take a walk　⑩ 살펴보다

⑪ 놀란　⑫ confused

⑬ 기쁜　⑭ 궁금한

⑮ satisfied　⑯ upset

⑰ 외로운　⑱ 긴장한

⑲ scared　⑳ worried

㉑ laugh　㉒ 미소 짓다

㉓ 울다　㉔ 불평하다

㉕ hate　㉖ want

㉗ dislike　㉘ 선호하다

㉙ 후회하다　㉚ 감사하다

Voca Review Test 2
p.68

① Don't make a noise.

② Don't make a mistake.

③ Let's take a break.

④ Let's take a shower.

⑤ I'm very curious.

⑥ I'm very satisfied.

⑦ He felt nervous.

⑧ He felt scared.

⑨ She smiled brightly.

⑩ She complained about him.

⑪ I want an apple.

⑫ I prefer chicken.

⑬ Let's take a walk.

⑭ Let's take a look.

⑮ I regret my words.

⑯ I appreciate your help.

UNIT 31　Fashion
p.70

glasses: He's wearing glasses.

shoes: He's wearing shoes.

socks: He's wearing socks.

gloves: He's wearing gloves.

earrings: He's wearing earrings.

✔ **Check!**

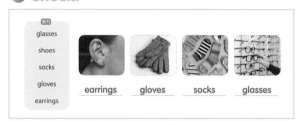

UNIT 32　Phrasal Verbs 1
p.71

dress up: Dress up tomorrow.

cut out: Cut out the paper.

pick up: Pick up the trash.

give up: Give up now.

go back: Go back to your seat.

✔ **Check!**

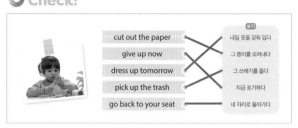

Exercises
p.72

A

① 안경　② 양말　③ 귀걸이

④ ~을 오려내다　⑤ 포기하다　⑥ shoes

⑦ gloves　⑧ dress up　⑨ pick up

⑩ go back

B

① He's wearing socks.　② He's wearing shoes.

③ He's wearing gloves.　④ He's wearing earrings.

⑤ Cut out the paper.　⑥ Pick up the trash.

⑦ Give up now.　⑧ Go back to your seat.

doubt: They doubt his words.

solve: They solve the problem.

prepare: They prepare for the test.

answer: They answer the question.

write: They write the story.

✔Check!

Exercises p.75

A

① 같은　② 옳은　③ 부정적인

④ 둔한　⑤ 해결하다　⑥ 답하다

⑦ different　⑧ wrong　⑨ positive

⑩ doubt　⑪ prepare　⑫ write

B

① They doubt his words.

② They solve the problem.

③ They prepare for the test.

④ They answer the question.

⑤ They write the story.

A

① 넓은 | wide　② 좁은 | narrow

③ 마른, 건조한 | dry　④ 액체의 | liquid

⑤ 고체의 | solid　⑥ 얇은 | thin

⑦ 젖은 | wet　⑧ 두꺼운 | thick

⑨ 가라앉다 | sink　⑩ (물 위에) 뜨다 | float

⑪ 죽은 | dead　⑫ 살아 있는 | alive

⑬ 미끄러운 | slippery　⑭ 끈적거리는 | sticky

⑮ 헐거워진, 풀린 | loose　⑯ 꽉 조여 있는 | tight

① 안경　② shoes

③ 양말　④ 장갑

⑤ 귀걸이　⑥ 옷을 갖춰 입다

⑦ cut out　⑧ ~을 줍다

⑨ give up　⑩ 돌아가다

⑪ 같은　⑫ different

⑬ 옳은　⑭ 틀린

⑮ positive　⑯ negative

⑰ 날카로운　⑱ 둔한

⑲ doubt　⑳ solve

㉑ prepare　㉒ 답하다

㉓ (글자·숫자를) 쓰다　㉔ 넓은

㉕ narrow　㉖ thick

㉗ thin　㉘ 고체의

㉙ 액체의　㉚ wet

㉛ dry　㉜ 가라앉다

㉝ float　㉞ 죽은

㉟ alive　㊱ 헐거워진, 풀린

㊲ 꽉 조여 있는　㊳ slippery

㊴ 끈적거리는

① He's wearing glasses.

② He's wearing socks.

③ Dress up tomorrow.

④ Cut out the paper.

⑤ They doubt his words.

⑥ They prepare for the test.

⑦ He's wearing gloves.

⑧ He's wearing earrings.

⑨ Pick up the trash.

⑩ Give up now.

⑪ They answer the question.

⑫ They write the story.

③ They introduced him to me.

④ They bowed to their teacher.

⑤ They shook hands heartily.

meet: They met their fans.

greet: They greeted each other.

bow: They bowed to their teacher.

introduce: They introduced him to me.

shake hands: They shook hands heartily.

✔ Check!

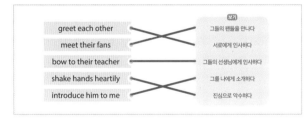

A

① 다정한

③ 예의 바른

⑤ 만나다

⑦ 악수하다

⑨ brave

⑪ clever

⑬ introduce

② 사교적인

④ 수줍어하는

⑥ (고개를 숙여) 인사하다

⑧ lovely

⑩ calm

⑫ greet

B

① They met their fans.

② They greeted each other.

A

① 중요한 | important

③ 가장 중요한, 핵심적인 | key

⑤ 확실한 | certain

⑦ 분명한 | clear

⑨ 통로 | aisle

⑪ 지식 | knowledge

⑬ 섬 | island

⑮ 이웃 | neighbor

② 힘든, 어려운 | tough

④ 선두적인, 가장 중요한 | leading

⑥ 의심스러운 | doubtful

⑧ 확신하는 | sure

⑩ 언어 | language

⑫ 후식 | dessert

⑭ 천장 | ceiling

⑯ 약, 약물 | medicine

name: What's your name?

age: What's your age?

address: What's your address?

account number: What's your account number?

phone number: What's your phone number?

✔ Check!

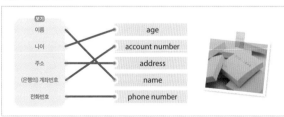

Ⓐ

① 이름 | name
② 나이 | age
③ 주소 | address
④ (은행의) 계좌번호 | account number
⑤ 전화번호 | phone number
⑥ (보도) 기자 | reporter
⑦ 발명가 | inventor
⑧ 판사 | judge
⑨ 형사, 탐정 | detective
⑩ 교수 | professor
⑪ 인명 구조원 | lifeguard
⑫ 건축가 | architect
⑬ 변호사 | lawyer

① 다정한   ② lovely
③ 사교적인   ④ 용감한
⑤ 예의 바른   ⑥ 침착한
⑦ shy   ⑧ 영리한
⑨ meet   ⑩ ~에게 인사하다
⑪ (고개를 숙여) 인사하다 ⑫ introduce
⑬ 악수하다   ⑭ 중요한
⑮ leading   ⑯ 가장 중요한, 핵심적인
⑰ 힘든, 어려운   ⑱ certain
⑲ sure   ⑳ 분명한
㉑ 의심스러운   ㉒ aisle
㉓ 천장   ㉔ dessert
㉕ island   ㉖ language
㉗ knowledge   ㉘ 약, 약물
㉙ 이웃   ㉚ name
㉛ 나이   ㉜ address
㉝ (은행의) 계좌번호   ㉞ phone number
㉟ inventor   ㊱ (보도) 기자
㊲ 판사   ㊳ detective
㊴ 건축가   ㊵ lifeguard
㊶ 교수   ㊷ lawyer

① They met their fans.
② They greeted each other.
③ What's your age?
④ What's your address?
⑤ They introduced him to me.
⑥ They shook hands heartily.
⑦ What's your account number?
⑧ What's your phone number?

Ⓐ

① 지붕 | roof
② 계단 | stair
③ 벽돌 | brick
④ 차고 | garage
⑤ 지하실 | basement
⑥ 벽, 담 | wall
⑦ 다락방 | attic
⑧ 길 | path
⑨ 전자레인지 | microwave
⑩ 믹서기, 분쇄기 | blender
⑪ 식기세척기 | dishwasher
⑫ 세탁기 | washing machine
⑬ 에어컨 | air conditioner
⑭ 선풍기 | electric fan
⑮ 다리미 | iron
⑯ 진공청소기 | vacuum cleaner

delete: Delete your files.

type: Type quickly.

search: Search the file.

go online: Go online right now.

plug in: Plug in your laptop.

save: Save your files.

print out: Print out the photos.

Exercises p.99

① 식물에 물을 주다 | water the plants

② 잠자리를 정돈하다 | make the bed

③ 바닥을 진공청소기로 청소하다 | vacuum the floor

④ 바닥을 쓸다 | sweep the floor

⑤ 쓰레기를 버리다 | take out the trash

⑥ 빨래를 하다 | do the laundry

⑦ 삭제하다 | delete

⑧ (컴퓨터로) 타자 치다 | type

⑨ 찾아보다, 검색하다 | search

⑩ 인쇄하다 | print out

⑪ ~의 전원을 연결하다 | plug in

⑫ 저장하다 | save

⑬ 온라인에 접속하다 | go online

UNIT 47 Dangers 1 .... p.100

✓Check!

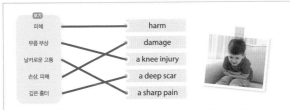

UNIT 48 Dangers 2 .... p.101

✓Check!

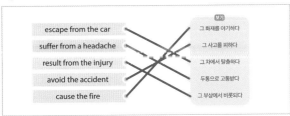

Exercises p.102

A

① 손상, 피해   ② 고통   ③ 흉터

④ ~에서 탈출하다   ⑤ ~으로 고통받다   ⑥ injury

⑦ harm   ⑧ cause   ⑨ avoid

⑩ result from

B

① It caused damage.

② It caused harm.

③ He got a knee injury.

④ He felt a sharp pain.

⑤ It caused the fire.

⑥ She escaped from the car.

⑦ She suffered from a headache.

⑧ It resulted from the injury.

Voca **Review** Test **1** p.103

① 지붕   ② stair

③ 벽돌   ④ 차고

⑤ 벽, 담   ⑥ 다락방

⑦ basement   ⑧ 길

⑨ microwave   ⑩ 믹서기, 분쇄기

⑪ 세탁기   ⑫ dishwasher

⑬ 에어컨   ⑭ 진공청소기

⑮ iron   ⑯ 선풍기

⑰ 식물에 물을 주다   ⑱ sweep the floor

⑲ 바닥을 진공청소기로 청소하다   ⑳ make the bed

㉑ do the laundry   ㉒ 쓰레기를 버리다

㉓ delete   ㉔ (컴퓨터로) 타자 치다

㉕ search   ㉖ go online

㉗ plug in   ㉘ 저장하다

㉙ 인쇄하다   ㉚ 손상, 피해

㉛ injury   ㉜ pain

㉝ 피해   ㉞ 흉터

㉟ cause   ㊱ 피하다

㊲ ~에서 탈출하다   ㊳ suffer from

㊴ result from

Voca **Review** Test **2** p.104

① Delete your files.

② Search the file.

③ He got a knee injury.

④ He felt a sharp pain.

⑤ She avoided the accident.

⑥ She escaped from the car.

⑦ Plug in your laptop.

⑧ Save your files.

⑨ It caused harm.

⑩ He got a deep scar.

⑪ She suffered from a headache.

⑫ It resulted from the injury.

⑤ They did scientific research.

UNIT 49 Science p.106

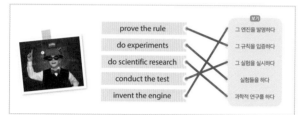

UNIT 51 Adverbs 2 .... p.109

abroad: She has friends abroad.

indoors: She stays indoors.

outdoors: She is running outdoors.

upstairs: She was upstairs.

downstairs: She went downstairs.

above: Look at the clouds above.

below: Look at the picture below.

backward: It can fly backward.

UNIT 50 Adverbs 1 .... p.107

honestly: honest, honestly

warmly: warm, warmly

easily: easy, easily

patiently: patient, patiently

stupidly: stupid, stupidly

angrily: angry, angrily

justly: just, justly

fully: full, fully

UNIT 52 Help p.110

Exercises p.108

① 발명하다　　② 실시하다　　③ 연구, 조사

④ 따뜻하게　　⑤ 인내심 있게　　⑥ 화나서

⑦ 완전히　　⑧ prove　　⑨ experiment

⑩ honestly　　⑪ easily　　⑫ stupidly

⑬ justly

B

① He invented the engine.

② He proved the rule.

③ He conducted the test.

④ The scientists did experiments.

Exercises p.111

① 해외에　　　　　　② 야외에서

③ 아래층에(서), 아래층으로　　④ 위에

⑤ 빌리다　　　　　　⑥ 추천하다

⑦ ~에게 부탁을 하다　　⑧ indoors

⑨ upstairs　　　　　　⑩ below

⑪ backward　　　　　　⑫ lend

⑬ volunteer

B

① She stays indoors.

② Look at the clouds above.

③ It can fly backward.

④ Can I borrow your book?

⑤ Can you lend me your book?

⑥ Can I ask a favor of you?

Check!

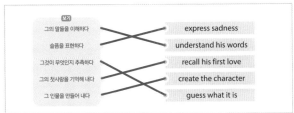

A

① 이해하다
② ~을 만들어 내다
③ 추측하다
④ ~에게 미소 짓다
⑤ ~에 대해 감사하다
⑥ ~와 대화하다
⑦ ~을 돕다
⑧ express
⑨ recall
⑩ arrive at
⑪ apologize for
⑫ belong to
⑬ agree with

B

① I didn't understand his words.
② His eyes expressed sadness.
③ Guess what it is.
④ She smiled at her dog.
⑤ The books belongs to Jake.
⑥ She helped with the housework.

① 발명하다
③ 실시하다
⑤ 연구, 조사
⑦ warmly

② prove
④ 실험
⑥ 정직하게
⑧ 쉽게

⑨ patiently
⑪ 화나서
⑬ 완전히
⑮ indoors
⑰ 위층에(서), 위층으로
⑲ 위에
㉑ backward
㉓ lend
㉕ volunteer
㉗ 이해하다
㉙ 추측하다
㉛ ~을 만들어 내다
㉝ ~에게 미소 짓다
㉟ apologize for
㊲ ~와 대화하다
㊴ ~을 돕다

⑩ 어리석게
⑫ justly
⑭ 해외에
⑯ 야외에서
⑱ downstairs
⑳ below
㉒ borrow
㉔ recommend
㉖ ~에게 부탁을 하다
㉘ 표현하다
㉚ recall
㉜ arrive at
㉞ ~에 대해 감사하다
㊱ belong to
㊳ ~에 동의하다

① He invented the engine.
② He proved the rule.
③ She stays indoors.
④ She is running outdoors.
⑤ Can I borrow your book?
⑥ Can you lend me your book?
⑦ I didn't understand his words.
⑧ His eyes expressed sadness.
⑨ She arrived at her hometown.
⑩ The books belong to Jake.
⑪ The scientists did experiments.
⑫ They did scientific research.
⑬ Look at the clouds above.
⑭ Look at the picture below.

Check!

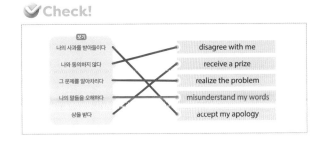

 Check!

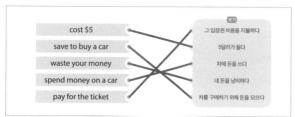

✔Check!

Exercises ⋯⋯⋯⋯⋯⋯⋯⋯⋯⋯ p.120

Ⓐ

① 받아들이다
② 알아차리다, 깨닫다
③ 받다
④ (비용이 얼마) 들다
⑤ (돈을) 쓰다
⑥ disagree
⑦ misunderstand
⑧ pay
⑨ waste
⑩ save

Ⓑ

① He accepted my apology.
② He disagreed with me.
③ He misunderstood my words.
④ He received a prize.
⑤ Did you pay for the ticket?
⑥ He spent money on a car.
⑦ Don't waste your money.
⑧ He's saving to buy a car.

Exercises ⋯⋯⋯⋯⋯⋯⋯⋯⋯⋯ p.123

Ⓐ

① 결국
② 매년
③ 매주
④ (놀라울 정도로) 곧
⑤ 판매 중인
⑥ daily
⑦ yearly
⑧ on time
⑨ on sale
⑩ in danger

Ⓑ

① Take the pills daily.
② We go to the city weekly.
③ It costs $100 annually.
④ I travel abroad yearly.
⑤ It's on sale.
⑥ He arrived on time.
⑦ They are not for sale.
⑧ Dolphins are in danger.

✔Check!

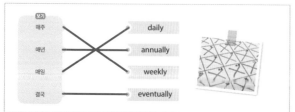

✔Check!

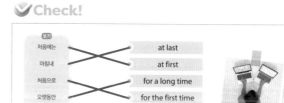

Check!

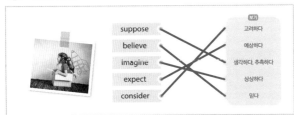

Exercises ···················· p.126

A

① 처음에는
② 처음으로
③ 동시에
④ 생각하다, 추측하다
⑤ 상상하다
⑥ at last
⑦ for a long time
⑧ consider
⑨ expect
⑩ believe

B

① At first, he wanted some water.
② At last, he finished it.
③ He was waiting for a long time.
④ We all left at the same time.
⑤ We considered his feelings.
⑥ I suppose that he is busy.
⑦ Imagine how it will feel.
⑧ I believe the story.

① 받아들이다
② disagree
③ 알아차리다, 깨닫다
④ 오해하다
⑤ 받다
⑥ (비용을) 지불하다
⑦ cost
⑧ (돈을) 쓰다
⑨ waste
⑩ (돈을) 모으다
⑪ 매일
⑫ weekly
⑬ 매년
⑭ 매년
⑮ eventually
⑯ on time
⑰ (놀라울 정도로) 곧
⑱ 할인 중인
⑲ 판매 중인
⑳ in danger
㉑ 처음에는
㉒ 마침내
㉓ for the first time
㉔ 오랫동안
㉕ at the same time
㉖ consider
㉗ expect
㉘ 생각하다, 추측하다
㉙ 상상하다
㉚ 믿다

① He accepted my apology.
② He disagreed with me.
③ Don't waste your money.
④ He's saving to buy a car.
⑤ We go to the city weekly.
⑥ He'll eventually leave home.
⑦ He arrived on time.
⑧ It's on sale.
⑨ At last, he finished it.
⑩ He was waiting for a long time.
⑪ We considered his feelings.
⑫ I believe the story.

Check!

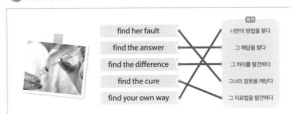

Exercises ···················· p.132

A

① 얼굴; 직면하다
② 들어올리다, (아이·동물을) 키우다, 기르다
③ 방법, 길
④ 차이
⑤ 치료(법)
⑥ grow
⑦ handle
⑧ answer
⑨ fault

B

① She faced a big problem.
② They raised two children.

③ Are you growing roses?

④ There is no handle.

⑤ You'll find your own way.

⑥ He couldn't find the answer.

⑦ We found the difference.

⑧ He found her fault.

UNIT 63 Earth

✔Check!

UNIT 64 Nouns 2

✔Check!

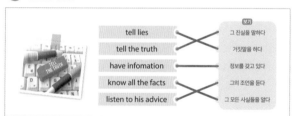

Exercises

Ⓐ

① 흙, 토양	② 화산
③ 평원, 평지	④ 거짓말
⑤ 조언	⑥ forest
⑦ desert	⑧ truth
⑨ information	⑩ fact

Ⓑ

① The soil is very dry.

② There is a pine forest.

③ They were lost in the desert.

④ You can see the plain.

⑤ You have to tell the truth.

⑥ Don't tell lies.

⑦ Do you have some information?

⑧ I don't know all the facts.

UNIT 65 Verbs 9

✔Check!

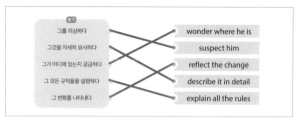

UNIT 66 Nouns 3

✔Check!

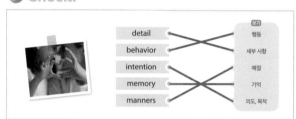

Exercises

Ⓐ

① 의심하다	② 궁금하다	③ 나타내다
④ 세부 사항	⑤ 기억	⑥ describe
⑦ explain	⑧ behavior	⑨ manners
⑩ intention		

Ⓑ

① The police suspect him.

② He described it in detail.

③ She explained all the rules.

④ It reflected the change.

⑤ His behavior is usually good.

⑥ We don't know the full details.

⑦ He learns table manners.

⑧ We hold the same intention.

Voca **Review** Test 1

① 얼굴; 직면하다	② grow

③ 들어올리다, (아이·동물을) 키우다, 기르다
④ 손잡이; 처리하다   ⑤ 방법, 길
⑥ answer   ⑦ 차이
⑧ fault   ⑨ cure
⑩ 흙, 토양   ⑪ forest
⑫ 화산   ⑬ 사막
⑭ plain   ⑮ 진실
⑯ lie   ⑰ 정보
⑱ advice   ⑲ 사실
⑳ suspect   ㉑ 묘사하다
㉒ 궁금하다   ㉓ explain
㉔ reflect   ㉕ behavior
㉖ 세부 사항   ㉗ 예절
㉘ 기억   ㉙ intention

Voca **Review** Test **2** ·················· p.140

① She has a round face.
② She faced a big problem.
③ Children grow so quickly.
④ Are you growing roses?
⑤ You'll find your own way.
⑥ We found the difference.
⑦ There is a pine forest.
⑧ You can see the plain.
⑨ You have to tell the truth.
⑩ Don't tell lies.
⑪ Do you have some information?
⑫ They didn't listen to his advice.
⑬ The police suspect him.
⑭ He described it in detail.
⑮ His behavior is usually good.
⑯ He learns table manners.

Workbook 정답

UNIT 01

역사 | histor y
미술 | a rt
지리 | geogr a phy
생물학 | biolo g y
화학 | c h emistry

UNIT 02

생각하다 | t h ink
(수를) 세다, 계산하다 | co u nt
찾다 | fin d
관찰하다 | obser v e
실험하다 | e x periment

UNIT 03

초등학교 | elementar y sc h ool
중학교 | mi d dle sch o ol
고등학교 | hi g h s c hool
대학, 단과 대학 | colle g e
(종합) 대학교 | u niversity

UNIT 04

체육관 | g y m
구내식당 | ca f eteria
교실 | cl a ssroom
운동장 | play g round
미술실 | a r t roo m

UNIT 05

시험 | e x am
시험, 실험 | te s t
점수 | s c ore
(시험) 결과, 성적 | r e sult
상, 상품 | pri z e

UNIT 06

복습하다 | revi e w
반복하다 | repe a t

연습하다 | pra c tice
확인하다 | chec k
검사하다 | ex a mine

UNIT 07

첨가하다, 추가하다 | ad d
가열하다 | h e at
썰다 | c h op
젓다 | st i r
섞다 | mi x

UNIT 08

양념, 소스 | s a uce
후추 | pepp e r
마늘 | garli c
소금 | s alt
설탕 | s u gar

UNIT 09

양파 | oni o n
오이 | cuc u mber
양배추 | cabba g e
호박 | pum p kin
당근 | carr o t

UNIT 10

요리법 | re c ipe
재료 | ingre d ient
음료 | beverag e
곡물 | g rain
방법 | me t hod

UNIT 11

수도꼭지 | f a ucet
(우묵한) 그릇 | bo w l
주전자 | k ettle
냄비 | po t
냉장고 | re f rigerator

UNIT 12

prepare food
식탁을 차리다
get the plates
고기를 굽다
wipe the **floor**

UNIT 13~16 ·············· p.145

UNIT 13

움직이다 | mo v e
흔들다 | shak e
굽히다 | be n d
뻗다, 쭉 펴다 | st r etch
들어올리다 | lif t

UNIT 14

뇌 | bra i n
폐 | l u ngs
간 | live r
위(胃) | stomac h
심장 | hea r t

UNIT 15

(겨누어) 치다 | hi t
던지다 | thr o w
잡다 | ca t ch
(발로) 차다 | ki c k
(공 등을) 튀게 하다 | b ounce

UNIT 16

떠나다 | leav e
도착하다 | ar r ive
도착하다 | reac h
가버리다 | g o aw a y
도착하다 | m a ke i t

UNIT 17~20 ·············· p.146

UNIT 17

놓치다 | mi s s
(일을) 거르다, 건너뛰다 | ski p
(시험에) 떨어지다 | f a il
간과하다, 못 보고 넘어가다 | overl o ok
잊다 | f o rget

UNIT 18

즐기다 | e n joy
도전하다 | c h allenge
성공하다 | s ucce c d
알아채, 의식하다 | notic e
기억하다 | r e member

UNIT 19

지진 | earthquak e
홍수 | fl o od
가뭄 | dro u ght
태풍 | typ h oon
산불 | fores t fi r e

UNIT 20

보호하다 | p r otect
막다, 예방하다 | preven t
따르다 | foll o w
안전하게 있다 | st a y saf e
(불을) 끄다, 진화하다 | p ut ou t

UNIT 21~24 ·············· p.147

UNIT 21

~을 보다
look **for**
look **after**
~을 조사하다
look **around**

UNIT 22

take **off**
제거하다
take **down**
꺼내다
take **back**

UNIT 23

최고의, 가장 좋은 | be s t
(사이가) 가까운 | clos e
특별한 | s p ecial
가장 좋아하는 | fav o rite
진정한 | tru e

UNIT 24

지지하다 | suppor t
믿다 | tru s t
…와 나누다 | shar e w ith
~와 싸우다 | fig h t wit h
~와 많은 시간을 보내다 | han g o u t wi t h

181

죽은 | d **e** ad
살아 있는 | aliv **e**
헐거워진, 풀린 | lo **o** se
꽉 조여 있는 | ti **g** ht
미끄러운 | slippe **r** y
끈적거리는 | sti **c** ky

UNIT 37

다정한 | frien **d** ly
사랑스러운 | lov **e** ly
사교적인 | socia **l**
용감한 | br **a** ve
예의 바른 | polit **e**
침착한 | ca **l** m
수줍어하는 | s **h** y
영리한 | clev **e** r

UNIT 38

만나다 | m **e** et
~에게 인사하다 | **g** reet
(고개를 숙여) 인사하다 | bo **w**
소개하다 | introdu **c** e
악수하다 | s **h** ake han **d** s

UNIT 39

중요한 | i **m** portant
선두적인, 가장 중요한 | leadin **g**
가장 중요한, 핵심적인 | ke **y**
힘든, 어려운 | tou **g** h
확실한 | **c** ertain
확신하는 | su **r** e
분명한 | cl **e** ar
의심스러운 | doubtfu **l**

UNIT 40

통로 | ai **s** le
천장 | ce **i** ling
후식 | de **s** sert
섬 | i **s** land
언어 | langua **g** e
지식 | **k** nowledge
약, 약물 | medi **c** ine
이웃 | neig **h** bor

UNIT 41

이름 | nam **e**
나이 | a **g** e
주소 | addres **s**
(은행의) 계좌번호 | a **c** count num **b** er
전화번호 | phon **e** numb **e** r

UNIT 42

발명가 | in **v** entor
(보도) 기자 | reporte **r**
판사 | ju **d** ge
형사, 탐정 | detectiv **e**
건축가 | ar **c** hitect
인명 구조원 | lifeg **u** ard
교수 | profess **o** r
변호사 | lawy **e** r

UNIT 43

지붕 | **r** oof
계단 | stai **r**
벽돌 | bri **c** k
차고 | gara **g** e
벽, 담 | **w** all
다락방 | atti **c**
지하실 | basem **e** nt
길 | pa **t** h

UNIT 44

전자레인지 | micro **w** ave
믹서기, 분쇄기 | ble **n** der
세탁기 | wa **s** hing ma **c** hine
식기세척기 | dishwash **e** r
에어컨 | ai **r** c **o** nditioner
진공청소기 | vac **u** um cle **a** ner
다리미 | iro **n**
선풍기 | electr **i** c fa **n**

UNIT 45

water the plants
바닥을 쓸다
바닥을 진공청소기로 청소하다
make the **bed**

183

빨래를 하다

take out the **trash**

UNIT 46

삭제하다 | d e lete
(컴퓨터로) 타자 치다 | t y pe
찾아보다, 검색하다 | s e arch
온라인에 접속하다 | g o onl i ne
~의 전원을 연결하다 | pl u g i n
저장하다 | sav e
인쇄하다 | pri n t ou t

UNIT 47

손상, 피해 | dam a ge
부상 | in j ury
고통 | pai n
피해 | ha r m
흉터 | s car

UNIT 48

~을 야기하다 | caus e
피하다 | avo i d
~에서 탈출하다 | esc a pe fro m
~으로 고통받다 | suff e r fro m
~에서 비롯되다 | res u lt fr o m

UNIT 49~52 ·········· p.154

UNIT 49

발명하다 | in v ent
입증하다 | pro v e
실시하다 | cond u ct
실험 | e x periment
연구, 조사 | rese a rch

UNIT 50

정직하게 | h onestly
따뜻하게 | w armly
쉽게 | e a sily
인내심 있게 | patient l y
어리석게 | st u pidly
화나서 | an g rily
공정하게 | j ustly
완전히 | fu l ly

UNIT 51

해외에 | abro a d

실내에서 | indoor s
야외에서 | ou t doors
위층에(서), 위층으로 | ups t airs
아래층에(서), 아래층으로 | do w nstairs
위에 | abo v e
아래에 | belo w
뒤로, 거꾸로 | b ackward

UNIT 52

빌리다 | bo r row
빌려주다 | len d
추천하다 | recomm e nd
자원하다 | vol u nteer
~에게 부탁을 하다 | a s k a fa v or o f

UNIT 53~56 ·········· p.155

UNIT 53

이해하다 | u nderstand
표현하다 | e x press
추측하다 | gues s
기억해 내다 | recal l
~을 만들어 내다 | cr e ate

UNIT 54

arrive at
~에게 미소 짓다
~에 대해 감사하다
apologize for
~에 속하다, ~의 것이다
~와 대화하다
agree with
~을 돕다

UNIT 55

받아들이다 | accep t
동의하지 않다 | disa g ree
알아차리다, 깨닫다 | re a lize
오해하다 | misunderstan d
받다 | r eceive

UNIT 56

(비용을) 지불하다 | pa y
(비용이 얼마) 들다 | cos t
(돈을) 쓰다 | s p end
낭비하다 | w a ste
(돈을) 모으다 | sa v e

UNIT 57

매일 | da **i** ly
매주 | w **e** ekly
매년 | a **n** nually
매년 | yearl **y**
결국 | e **v** entually

UNIT 58

on time
(놀라울 정도로) 곧
할인 중인
for **sale**
in **danger**

UNIT 59

at first
마침내
for the **first** time
오랫동안
at the **same** time

UNIT 60

고려하다 | consid **e** r
예상하다 | expec **t**
생각하다, 추측하다 | s **u** ppose
상상하다 | imag **i** ne
믿다 | bel **i** eve

UNIT 61

얼굴 | fac **e**
직면하다 | **f** ace
자라다, (식물을) 기르다 | gro **w**
들어올리다, (아이·동물을) 키우다, 기르다 | rai **s** e
손잡이 | **h** andle
처리하다 | ha **n** dle

UNIT 62

방법, 길 | wa **y**
해답 | ans **w** er
차이 | di **f** ference
잘못 | fa **u** lt
치료(법) | cur **e**

UNIT 63

흙, 토양 | s **o** il
숲 | fore **s** t
화산 | vol **c** ano
사막 | de **s** ert
평원, 평지 | plai **n**

UNIT 64

진실 | t **r** uth
거짓말 | li **e**
정보 | **i** nformation
조언 | advi **c** e
사실 | f **a** ct

UNIT 65

의심하다 | s **u** spect
묘사하다 | descri **b** e
궁금하다 | **w** onder
설명하다 | e **x** plain
나타내다 | refl **e** ct

UNIT 66

행동 | behavio **r**
세부 사항 | deta **i** l
예절 | man **n** ers
기억 | memor **y**
의도, 목적 | inten **t** ion

MEMO